DAVID LYNCH

DAVID LYNCH

Pilar Pedraza

PORTÁTIL

Director de colección: Hilario Rodríguez

Editor: Ramiro Domínguez Hernanz
Editor: Toni Castarnado Linde

C/ San Gregorio, 8, 2, 2ª Madrid
España
www.silexediciones.com

ISBN: 979-13-88205-05-7
Depósito Legal: M-6756-2026
Colección: Sílex-Portátil

Impreso y encuadernado en España

Contenido

Para Juan, que, como siempre, tanto me ha ayudado en este empeño. Y mi agradecimiento más cordial a mi amigo y colaborador Luis Pérez Ochando.

I

De pintor a cineasta

El 15 de enero de 2025 una enfermedad pulmonar acabó con la vida de David Keith Lynch en Los Ángeles, California, a los 78 años de edad. Lynch fue uno de los creadores norteamericanos más importantes del arte moderno alternativo: pintor, músico, director y guionista, entre otras facetas que con el tiempo confluyeron en un arte cinematográfico de gran originalidad, apreciado mundialmente.

Nacido en Missoula, Montana, el 20 de enero de 1946, en una familia presbiteriana de clase media, su padre fue científico del Departamento de Agricultura y su madre ama de casa y maestra. Llevó una infancia nómada a causa del trabajo de su padre, pero feliz en sus primeros años. En el documental *The Art Life* (2016, Rick Barnes, Olivia Neergaard-Holm & Jon Nguyen), un Lynch maduro recuerda sus años de aprendizaje y primera juventud, hasta encontrarse con el cine, como un proceso de exploración de su creatividad como artista plástico, rebelde y libre, consciente de sus «tanteos» y de su permanente juego con la materia y con las manos, que desembocaría en el hallazgo del cine como una forma de pintura en movimiento, con sonido, transitable, con un elaborado concepto del espacio-tiempo, hijo de la modernidad y, sobre todo, de la vanguardia.

Mientras habla en *The Art of Life* de su niñez y juventud hasta la gestación de *Cabeza borradora* (*Eraserhead*, 1977), no dejamos de verle pintar, trabajar, esculpir. Muchos de sus dibujos y obras dadaístas alternan con su propia imagen pensativa y laboriosa y con insertos de fotos antiguas, vídeos de la familia, jardines y lugares urbanos a veces siniestros. Sin cesar su actividad en el taller mientras lo filman, Lynch cuenta sucesos de remotas etapas de formación, incluidas visiones extrañas que quedarían grabadas en su memoria y su inconsciente para aflorar más tarde en lo más misterioso de sus obras, como la mujer desnuda y ensangrentada que vio en la calle de pequeño y reproduce en el personaje de Isabella Rossellini en *Terciopelo azul* (*Blue Velvet*, 1986). No era muy buen estudiante ni tampoco aficionado a la lectura. Cuando rememora el colegio y el instituto, lo hace con la sencillez de quien refiere una época de transición incómoda, pero normal, común en la adolescencia, en la que tomó contacto con el tabaco, el alcohol y algunas amistades inconvenientes, que disgustaron a su ejemplar familia y provocaron la decepción de su madre, como si el joven estuviera perdiendo la ocasión de aprovechar una mente y una creatividad privilegiadas.

Más tarde, su encuentro con jóvenes artistas y creadores de vanguardia, la impresión que le produjo la lectura de *El espíritu del arte* del pintor y pedagogo anarquista norteamericano Robert Henry, así como lo que él llamaba "la vida del Arte",[1] comenzaron a marcar su vocación y su futuro, con iniciaciones en campos artísticos y cinematográficos cada vez más libres y productivos, aunque tuviera que ganarse la vida con diferentes trabajos, especialmente en el campo de las artes gráficas y la imprenta. Aconsejado

[1] Véase PERLMAN, Bennard. *Robert Henri: His Life and Art*. Nueva York: Dover Publications, 1991.

por su compañero de estudios Toby Keeler, hijo del pintor Bushnell Keeler, asistió al Corcoran School of Art en Washington D. C., mientras terminaba sus estudios secundarios en Alexandria, Virginia. Después, se inscribió en el School of the Museum of Fine Arts de Boston y comenzó a compartir talleres con su amigo, el pintor Jack Fisk; pero, pronto, agobiados por los estudios académicos, que les aburrían sin aportarles auténticos conocimientos, hicieron una escapada a Europa, en busca de las enseñanzas del pintor expresionista austriaco Oskar Kokoschka, al que admiraba como uno de sus principales referentes y en cuya escuela pretendían matricularse. La estancia estaba prevista para tres años, pero Lynch no encontró lo que buscaba y no tardó en regresar a Estados Unidos, instalándose en Filadelfia.

Al fin y al cabo, era en Filadelfia y en la Academia donde «estaba el arte». Como reverso de su idílica y familiar infancia en Montana, en contacto con la naturaleza, la de Filadelfia «fue una de los mejores y peores etapas de mi vida. Me vino muy bien, aunque viviera con miedo»,[2] pues por entonces la capital de la Independencia Americana y antiguo núcleo fabril atravesaba una profunda crisis social, racial y urbana. Su oscuridad, su peligrosidad social, su fealdad industrial y su suciedad le amedrentaban, aunque no tanto como para que no intentara acumular experiencias como visitar la morgue y pasar una noche entre cadáveres, según cuenta él mismo.

En 1965, su inseparable amigo Jack Fisk y él dieron un paso más en las artes plásticas y se matricularon en la Pennsylvania Academy of Fine Arts (PAFA), donde conocieron a los pintores matéricos y surrealistas, tanto a

---

[2] En *David Lynch. The Art of Life.*

los abstractos, como Jackson Pollock, como a los figurativos expresionistas y surrealistas, como Francis Bacon. Fue entonces cuando Lynch entabló una relación sentimental con una compañera, la pintora Peggy Reavey, con quien se casó al quedar embarazada. Se instalaron en un barrio barato y peligroso, donde empezó a trabajar como grabador.

De aquella época datan sus incipientes devaneos cinematográficos. Tituló su primer corto *Six Men Getting Sick* (1966), que describió como «57 segundos de desarrollo y pasión, y tres segundos de vómito». Es una proyección animada sobre una pantalla hecha con escultura, que se desarrolla en bucle mientras suena una sirena y seis hombres vomitan el contenido de sus estómagos pintados. Con dicha pieza dadaísta ganó el certamen anual de la Academia y algún encargo particular. Este pequeño éxito le permitió abordar su segundo cortometraje: *The Alphabet*, de cuatro minutos, también al estilo de la vanguardia dadaísta. Se trata de una obra que representa el sueño de una sobrina de Peggy y es interpretado por esta. Mezcla dibujo animado y una fotografía de gran fuerza y cierta violencia, y juega con las letras del alfabeto cantadas y dibujadas.

A partir de 1970, Lynch se centró exclusivamente en el arte cinematográfico. Consiguió un premio sustancioso del American Film Institute, a lo que se sumó una ayuda adicional para su obra *The Grandmother* (1970), lo que, según dice él mismo, «me cambió la vida». El cortometraje, de 16 mm en color, versa sobre un chico maltratado por sus padres, que se las ingenia para conseguir una abuela a partir de una semilla plantada en su cama sobre un montón de tierra y un charco de orina. A lo largo de sus 34 minutos, la película muestra ya muchos de los elementos

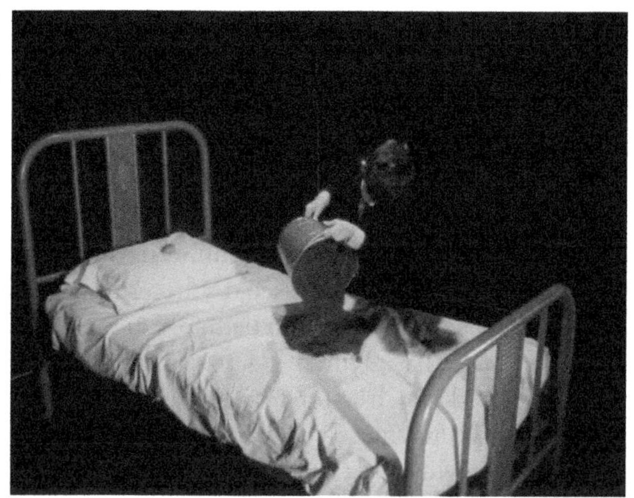

Una semilla plantada en la cama

que serán característicos en su cine de madurez, incluyendo un sonido perturbador y envolvente, obra de quien será su eterno sonidista, Allan Splet, y una potente imaginería grotesca sobre el origen de la vida orgánica, la violencia doméstica, el terror y cierta ternura, todo ello lejos de los métodos tradicionales de la narrativa clásica y emparentado con el surrealismo, pese a que a Lynch nunca le gustó esta denominación para sus obras.

A la vista del indudable talento cinematográfico demostrado en *The Grandmother*, el Centro de Estudios Avanzados de Los Ángeles le concedió una beca para vivir y estudiar en un lugar y ambiente privilegiados: un palacete perteneciente al American Film Institute de Los Ángeles (AFI), en la parte alta más hermosa de Beverly Hills, con numerosas y grandes estancias. Acondicionó varios de sus espacios para convertirlos en laboratorio y taller. Era su ideal de trabajo: un complejo de rodaje solo para él, en el que su equipo construyó decorados tridimensionales. Se instaló allí con su mujer y su niña en 1970. Trabajó cuatro años en los establos del centro, rodando su primer largometraje, *Cabeza borradora*, que califica como «una de mis mejores y más gratificantes experiencias en el cine. Lo que más me gustaba de ella era tener mi mundo, tenerlo en un lugar pequeño, donde podía diseñar y hacerlo todo a mi manera por poco dinero. Llevó su tiempo. Era maravillosa. Cada segundo de ella».[3] Durante la producción de *Cabeza borradora,* David Lynch se interesó por el esoterismo y la meditación trascendental de Maharisi Mahesh Yogi, que durante toda su vida le servirá como herramienta privilegiada para estimular su creatividad.[4]

Cabeza borradora es una de las películas de culto más famosa del mundo, de naturaleza alternativa, independiente, surrealista y artesanal, y acabó siendo una de las principales películas vanguardistas norteamericanas junto con las de Maya Deren. Tras una fecunda carrera cinematográfica, en la que brilló tanto en el cine clásico —*El hombre elefante* (*The Elephant Man*, 1980), *Dune* (1984), *Una historia verdadera* (*The Straight Story*, 1999)— como en el de vanguardia figurativa, Lynch volvió al experimentalismo de sus primeros tiempos en algunos episodios de la tercera temporada de *Twin Peaks* (2017, coescrita con Mark Frost),[5] que retoman un arte híbrido

[3] En *The Art Life*.

[4] La meditación trascendental es una técnica de concentración silenciosa, que se realiza repitiendo un mantra personalizado, para llevar la mente a estados profundos de conciencia sin caer en el sueño. Durante ella, la mente descansa de un modo natural. Véase ROTH, Robert. *Meditación trascendental de Maharishi Yogi*. Madrid: Oberon, 2003.

[5] Concretamente, en los episodios 1, 2, 3, 8, 15 y 17.

entre pintura y cine en clave surrealista y destruyen las coordenadas espacio-temporales, la verosimilitud temática y la narrativa lineal, creando historias fascinantes como la fabricación de Dougy, el doble o *tulpa* del agente Cooper (Kyle MacLachlan).

2

Cabeza creadora

El primer largometraje de David Lynch, *Cabeza borradora*, con producción, guion y dirección del propio Lynch y fotografía de Frederick Elmes, fue financiado en parte por el American Film Institute y en parte por amigos y particulares. Filmada en blanco y negro en una época de predominio del color, tuvo algunos problemas con los laboratorios que la procesaron. Posee una rugosidad que la hace parecer pintada con carboncillo sobre lienzo y le da una consistencia visual y auditiva muy física y algo siniestra. De los más de cien minutos en que estaba planeado, quedó reducido a noventa por falta de medios, lo que contribuyó a condensar su hermetismo estético y su ambiente claustrofóbico. Tuvo una buena acogida en circuitos alternativos y, aunque Lynch envió sin éxito sus doce rollos al Festival de Cannes y al Festival de Cine de Nueva York, acabó siendo una de las principales películas vanguardistas norteamericanas. Era un filme independiente, surrealista y artesanal, como los realizados en los años treinta por Luis Buñuel —*Un perro andaluz* (*Un chien andalou*, 1929), *La edad de oro* (*L'Âge d'or*, 1930)—, Jean Cocteau —*La sangre de un poeta* (*La sang d'un poète*, 1932)— o Carl Theodor Dreyer —*Vampyr* (1932)—, obras que Lynch desconocía cuando realizó *Cabeza borradora*.

Como varias películas de Lynch, *Cabeza borradora* posee una estructura en clave de tríptico pictórico, como los de El Bosco, con un panel central y dos laterales, que en este caso se refieren, respectivamente, el izquierdo al nacimiento de la vida en un entorno planetario manipulado por un demiurgo y el derecho a la muerte y subida al cielo del protagonista Henry Spencer (Jack Nance) y a su encuentro con su amada (Laurel Near), a quien conoció en una visión onírica. El panel central, inaugurado por un fundido en blanco, representa la realidad donde vive Henry con su familia y contiene a su vez diversos sueños. Veamos con detalle cada uno de estos tres paneles.

A modo de prólogo o panel lateral izquierdo del tríptico, una escena misteriosa y abstracta abre la película: un plano de la cabeza superpuesta de Henry sobre un oscuro planeta. La cabeza desaparece por la izquierda y el planeta queda solo, en el centro. La cámara se aproxima y muestra su superficie rugosa, surcada por zanjas, como un cerebro, hasta llegar a una placa metálica con un orificio circular. En el plano siguiente, al otro lado del orificio, un misterioso personaje demoníaco, el Hombre en el Planeta (Jack Fisk), está sentado junto a una cochambrosa ventana. Es delgado y parece enfermo, lleno de quemaduras. Frente a sí tiene tres palancas de metal. Súbitamente, desaparece y, de un primer plano de la cabeza de Henry, sale un gran espermatozoide o delgado embrión, que se precipita por la derecha hacia un agujero acuático, como si fuera la representación simbólica del nacimiento de un feto alargado, salido del propio Henry tras la manipulación del Hombre en el Planeta.

A partir de aquí comienza el panel central del tríptico, cuyo tema es una historia familiar inteligible y narrativa, casi lineal, que tiene como núcleo al patético y espantoso bebé, hijo de Henry y de Mary X (Charlotte Stewart), en una ciudad oscura, de ambientes siniestros. Henry, magníficamente interpretado por un asiduo amigo y actor de Lynch, Jack Nance, se constituye como personaje protagonista.

El panel central se sitúa en el planeta anunciado por el prólogo, donde Henry vive con su familia y con sus ensoñaciones. En sí misma, *Cabeza borradora* es una película surrealista en cuyos dos extremos podríamos decir que se concentran, respectivamente, los misterios del origen de la vida cósmica y de las muertes del planeta y del propio Henry. No es admisible atribuirle una moraleja universal falaz, como ha hecho cierta crítica puritana, sobre errores o pecados humanos, como el adulterio y el infanticidio, y sobre sus consecuencias. En realidad, lo surrealista carece de moralidad. Como técnica artística o literaria, se trata en ella de que los textos fluyan sin el control de la conciencia, para explorar la mente inconsciente y expresar pensamientos sin restricciones morales. *Cabeza borradora* no es una excepción, al contrario, es un ejercicio de libertad suprema, aunque el propio Lynch no fuera amigo de estas definiciones o encasillamientos.

Henry es un hombre joven, tímido y nervioso, vestido con ropas amplias y cortas que le dejan los tobillos al aire y le dan cierto aspecto de payaso. De un bolsillo de su chaqueta asoman varios lápices y bolígrafos en absurda profusión. Su tupé es casi tan grande como su cara de enigmáticos ojos claros y se yergue hacia arriba como electrizado —con los pelos de punta—. Entra en acción caminando a trompicones con la compra de la cena por un paisaje fabril oscuro, con hoyos encharcados y montículos de grava que debe ir sorteando. Mete el pie torpemente en uno de los charcos, como un niño, por lo que al llegar a casa lo veremos secando el calcetín en el radiador. Es, en definitiva, un barrio industrial feo y sucio, que recuerda a la Filadelfia donde Lynch vivió su juventud.

Llega al portal de su casa y entra en un vestíbulo enlosado con baldosas en forma de zigzag, como las de la Habitación Roja de las dos primeras temporadas de *Twin Peaks* (1990-1991), tan características de su cine como las macetas de lenguas de suegra y las lámparas de pie filiforme. Toma el ascensor, que se eleva lentísimamente, con un ruido molesto, hasta llegar a su piso. La guapa vecina de enfrente le avisa de que lo han invitado a cenar en casa de su novia. Hasta aquí la parte central del tríptico sucede pausada y verosímilmente, no hay en ella rastros de dadaísmo ni de ninguna otra vanguardia europea, y no es cine mudo como el de Maya Deren, sino hablado, con una compleja banda sonora trabajada por Lynch y su sonidista, Allan Splet, en una gran cantidad de capas que incluye hasta quince sonidos diferentes reproducidos simultáneamente.

Henry deja su cena en la cocina y rebusca en un aparador de contenido heterogéneo, donde encuentra las dos mitades de una foto de su novia, con quien parece haber roto. Sale de su casa y se dirige a la cita familiar de noche por barrios oscuros, bordeando vías férreas. Ella lo espera impaciente tras una ventana. La grotesca, inquietante —y sin embargo realista— cena consiste en pollitos que, al ser cortados, se mueven y chorrean un líquido negruzco y repugnante. La suegra lo lleva a un rincón y le dice que ha tenido con su novia un hijo prematuro que está en el hospital. Para él esto parece ser un error incómodo, pero el caso es que tienen que casarse.

Alimentando al bebé

Lo hacen tras una gran elipsis, que en realidad es un corte en el metraje: en el plano siguiente los vemos instalados en al apartamento de él con el niño, aunque en el guion original iba a verse el parto, asistido por una comadrona que interpretaría Catherine Coulson, la mujer de Jack Nance. Los efectos especiales con que se fabricó al bebé, cuya cabeza parece la de un conejo o cordero desollado, se han mantenido en secreto. Cuando se ha preguntado a Lynch por su trucaje, ha respondido a su manera: «Habría nacido cerca» o «tal vez fue encontrado».

La criatura no cesa de llorar y no deja dormir a la madre, que se marcha a casa de sus padres dejando el monstruoso hijo a cargo de Henry, aunque al parecer no tarda en volver, porque la encontramos en la cama con su marido al poco tiempo. Henry cuida tiernamente a la criatura y sufre malas noches, en las que alterna insomnio y pesadillas.

En el radiador de la calefacción descubre un teatrito con suelo de azulejos y candilejas, donde una muchacha rubia de mejillas enormes y tumefactas, con un aire a Marilyn Monroe, canta las bondades del cielo, donde todo es maravilloso. Sobre ella caen desde el techo cordones umbilicales o fetos que la llenan de asco y felicidad; los pisotea y deja el suelo sembrado con sus cuerpos aplastados.

El sueño de Henry continúa. Su bella vecina llama a su puerta y, al encontrarlo solo, se ofrece a dormir con él. Hacen el amor y se sumergen en un recipiente cónico como un volcán, lleno de líquido lechoso. Volvemos al *show in heaven* de la chica del radiador; quizá dentro de la misma pesadilla, Henry sueña que se le cae la cabeza y es sustituida por la de un feto parecido a su hijo. La suya es recogida en la calle por un muchacho y vendida a unos fabricantes de lápices de contera borradora. Al despertar, encuentra muy enferma a la criatura. Le pone el termómetro, lo cual parece agravar su mal. El monstruoso bebé empeora por momentos y se llena de pústulas y espinillas. Henry le abre el fajado cuerpecillo con unas tijeras y hurga en sus entrañas, de las que mana líquido, espuma, puré o heces en gran profusión. La lámpara parpadea y se apaga, y el niño muere. Su cabeza se agranda cada vez más y desaparece. Aquí acaba la parte central del tríptico.

En la tercera parte (derecha), que simboliza la muerte o el borrado de la historia del panel central, el planeta primigenio se rompe, el Hombre en el Planeta se abrasa con sus máquinas que chisporrotean, y Henry o su fantasma se encuentra en el cielo, recibido por la rubia de las mejillas monstruosas, que lo abraza tiernamente, poniendo fin a la película.

La chica del radiador

Dice Michel Chion que en 1981 *Cahiers du cinéma* preguntó al autor: «¿Piensa volver a hacer algún día una película en las mismas condiciones que *Cabeza borradora?*». Duda algo tonta, que no podía tener otra respuesta que la que dio el director: «No. No se puede volver atrás. Ya no podría hacer una película empleando cinco años y sin dinero. No, ya no podría».[6] A lo que sí volvió fue al experimentalismo de sus primeros cortometrajes y de la propia *Cabeza borradora* en diversos episodios de la tercera temporada de *Twin Peaks*, retomando dimensiones diversas e imágenes parpadeantes en clave surrealista figurativa, donde lo cósmico, lo expresionista y ciertos elementos propios de la vanguardia y del cine de ensayo americanos nos recuerdan a las oscuras atmósferas y aventuras de Henry Spencer. *Cabeza borradora* es una obra maestra inolvidable,

[6] CHION, Michel. *David Lynch*. Barcelona: Paidós, 2003.

que resuena a lo largo y lo ancho de todo el cine americano de vanguardia y recoge, además, parte del legado de las vanguardias europeas de los años treinta. Su recorrido no cesa en su propia época, ya que advertimos sus huellas, tanto temáticas como formales, en el cine posterior.

3

Monstruos y anomalías

Desde su primera etapa dadaísta, en la obra de Lynch abunda lo monstruoso, del latín *monstrum, portentum y ostentum*, es decir, lo *prodigiosamente horrible*, lo que inspira miedo, repugnancia o sentimientos encontrados. *Monstruoso* es un término referido a cualquier criatura portentosa que presente características no naturales dentro de su especie, como el tamaño, o que pertenezca a un mundo ultraterreno. En el cine de Lynch, son monstruos el niño de *Cabeza borradora* y la chica de mejillas hinchadas, el pustuloso barón de los Harkonnen (Kenneth McMillan) de *Dune*, así como la cara esponjosa y venérea del navegante en su carroza-armario imperial. Los monstruos suelen pertenecer a universos surrealistas.

Por su parte, las anomalías no son seres portentosos sino humanos, como el hombre elefante o el enano y el gigante de *Twin Peaks*. Estos dos últimos poseen en la obra de Lynch un carácter simbólico u onírico, no realista y habitan en lugares o dimensiones imaginarias —los sueños de Cooper o la Habitación Roja—. También es anómalo, en cierto sentido, el *tulpa*. En el ocultismo, un *tulpa* —del tibetano *tülpa*— es un ser o forma mental creado por artificio mediante concentración e intención de pensamiento, que puede adquirir una autonomía considerable e incluso forma humana y voluntad propia. En *Twin Peaks* hay varios en la tercera temporada, fabricados mecánicamente y vinculados a la energía eléctrica, que entran y salen por los enchufes de las máquinas, entre ellos una versión del agente Cooper, Dougy, y Diane (Laura Dern), la mujer ausente (o imaginaria) a la que Cooper se dirigía cuando hablada con su dictáfono durante las dos primeras temporadas.

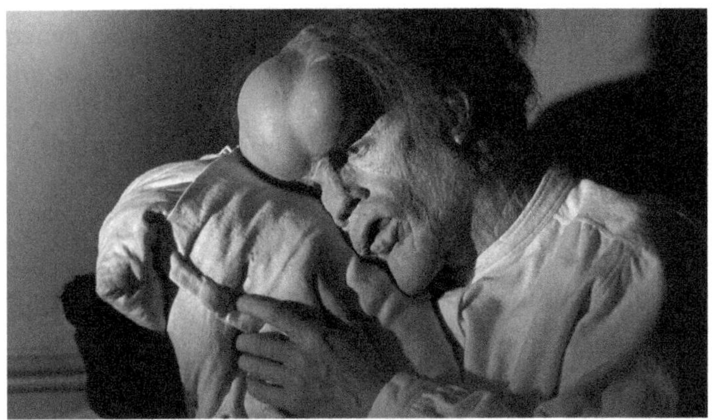

John Hurt caracterizado como Joseph Carey Merrick

Las anomalías humanas pertenecen al mundo real, no a una iconografía o simbolismo surrealista.[7] Un ejemplo importante es el que aborda Lynch en su primera película comercial, *El hombre elefante*, con guion adaptado por el director en colaboración con Christopher De Vore y Eric Bergren.[8] Se trata de un *biopic* de gran calidad técnica, rodado en blanco y negro, que versa sobre el personaje histórico Joseph Carey Merrick (1862-1890), enfermo de

[7] PEDRAZA, Pilar. *Tenebrarium. Derivas de lo fantástico y nuevos terrores*. Madrid: Valdemar, 2025, pp. 55 y ss.

[8] Sirviéndose de los libros TREVES, Frederick. *The Elephant Man and Other Reminiscences*. London-New York: Cassell and Company, 1921 y MONTAGU, Ashley. *The Elephant Man: A Study in Human Dignity.* New York: E. P. Dutton, 1979.

un extraño mal llamado «síndrome de Proteus». Merrick es una suerte de eslabón entre el *freak* de exhibición circense y la más moderna condición de objeto de estudio para la medicina científica. Se le recuerda como alguien con uno de los estados físicos y recorridos vitales más estremecedores de la historia de las anomalías clínicas. Medía 1,57 cm y apenas podía tenerse en pie, hablar o comer; su cabeza, en cuya boca crecía una especie de probóscide, era enorme y deforme, así como su brazo y mano derecha. Sin embargo, en su cuerpo habitaba un sujeto inteligente, que sabía leer y escribir y era amante del arte, una persona virtuosa, movida por el deseo de vivir y ganarse la vida. Sus contemporáneos de clase media y baja lo maltrataron en el cruel contexto social inglés. Ni siquiera lo atendieron en la asistencia pública ni en las *working houses*, que no lo admitían porque no podía trabajar. Fue exhibido y explotado por varios feriantes, entre ellos Tom Norman, dueño de un *freak show.*

El distinguido doctor Frederick Treves, que trabajaba en el London Royal Hospital, lo descubrió y puso su empeño en rescatarlo. Lo cuidó hasta su muerte, que se produjo en un entorno digno, en el hospital, no sin antes haberlo utilizado como objeto de estudio con sus colegas, lo que hizo sufrir a Merrick, al sentirse tan cosificado como cuando era una atracción de feria. Liberado del infierno de las anomalías circenses y tratado en lo posible como un ser humano, el verdadero Merrick sobresalió por su carácter amable y educado, que le acarreó la simpatía incluso de miembros de la nobleza, algo subrayado hasta rozar lo irónico y lo melodramático por David Lynch en su película.

Esta fue un éxito crítico y comercial, que situó a Lynch en una excelente posición profesional como cineasta. Aunque es casi en su totalidad un producto clásico, presenta interesantes rasgos autorales, especialmente en el prólogo, que reproduce con imágenes visionarias la legendaria presentación del embaucador dueño del desdichado a la puerta del circo: una manada de elefantes ataca a una mujer en el cuarto mes de su gestación. La misma visión se reproduce en una pesadilla de John Merrick con el mismo tema. Lynch supo conjugar las contradicciones de la gente normal y piadosa hacia la otredad y lo monstruoso, incluida la paradoja del científico que muestra su sujeto a los colegas, cosificándolo fríamente como espécimen anómalo.

Con esta obra, Lynch tuvo la suerte de hallarse inmerso en un ambiente cinematográfico angloamericano de primera fila, que le hizo aprender a escribir verdaderos guiones, estar rodeado por un gran equipo técnico y dirigir a actores espléndidos —y endiosados— como Anthony Hopkins, de temperamento irascible, el estirado aristócrata sir John Gielgud o Wendy Hiller, que interpreta a la jefa de enfermeras, dura y al mismo tiempo sensible y realista. El maquillaje del irreconocible y extraordinario actor que representa al enfermo, John Hurt, se hizo a partir de un molde del cuerpo de Merrick conservado en el museo privado del London Royal Hospital.

En el guion se utilizaron recursos del género de intriga, como demorar la visión de Merrick, aunque no del doctor Treves, o alargar su penosa recuperación del habla. Se provocó la piedad del público hacia el hombre en el límite de lo humano en las crudas escenas de su exhibición clandestina nocturna, por parte del portero de la institución. Su muerte,

El doctor y la anomalía

en parte voluntaria por desear dormir cómodamente estirado en la cama, como las demás personas, y no enroscado entre almohadas para poder sobrellevar sus deformidades y respirar sin ahogarse, pone una nota de dignidad en el final del ser anómalo que quiso ser un hombre como los demás. La biografía posterior de Michael Howell y Peter Ford, propugna en cambio una versión menos negra, según la cual, el Merrick histórico se ganó la vida exhibiéndose por su propia cuenta y tuvo a su lado a su madre, quien se ocupó de él hasta su muerte prematura.

4

Ciencia ficción retrofuturista

Tras el triunfo económico y de público de *El hombre elefante,* la siguiente película comercial de Lynch fue *Dune*, producida por Dino De Laurentiis. Se basa en la novela del mismo nombre, muy premiada y bien recibida por el público lector, del escritor americano Frank Herbert. Lynch se inspiró para esta original presentación galáctica en los tebeos y películas de los años cincuenta y sesenta de ciencia ficción, que, a la altura de los ochenta, tras *La guerra de las galaxias* (*Star Wars*, 1977, George Lucas) y *2001. Una odisea en el espacio* (*2001: A Space Odyseey*, 1968, Stanley Kubrick), habían quedado ya como reliquias históricas curiosas. Esta estética fue abandonada en el siglo XXI por un *remake* actualizado y mejor acogido, el díptico *Dune* (*Dune: Part One*, 2021, Denis Villeneuve) y *Dune: Parte dos* (*Dune: Part* II, 2024, Denis Villeneuve).

El proyecto de llevar *Dune* a la pantalla había comenzado a gestarse a principios de los setenta, con varias productoras interesadas, que rivalizaron por los derechos de la novela. En 1974, el escritor y cineasta chileno Alejandro Jodorowsky fue el primero que quiso hacerlo a lo grande, en una producción colosal de diez horas. La envergadura del proyecto resultó inviable tras cuatro años de preparación y fue retomado por Dino De Laurentiis, que contrató a Lynch —a falta de Ridley

Scott, que se decantó por otro proyecto estrella: *Blade Runner* (1982, Ridley Scott)—.[9]

Tras muchos avatares de producción, la cinta de Lynch quedó en 145 minutos de entretenidas peripecias tebeísticas, ambientadas en lo que podría llamarse ciencia ficción «austrohúngara», dada la extravagante estética de los palacios planetarios, la insólita tecnología anticuada y aparatosa y la indumentaria decimonónica de cortesanos, damas y soldados, así como de los nativos *fremen*, una especie de afganos de espectaculares ojos de escleróticas azules, habitantes de Arrakis.

El tiempo de la acción es un lejano futuro en el que la especie humana se ha dispersado por el «universo conocido», cuyo emperador, Padishah Shaddam IV (José Ferrer), rige con una enorme flota que se abastece de combustible en Arrakis o Dune, planeta desértico, único productor de la llamada «especia». Esta preciosa sustancia amplifica la conciencia y es capaz de plegar el espacio y permitir viajes inmóviles. La especia vive en la arena del desierto, bajo la cual se deslizan gigantescos gusanos de la arena, que miden hasta cientos de metros de longitud. En Arrakis habita un pueblo nativo y subyugado, los *fremen*, que esperan la venida de un Mesías que los libere. El Bene Gesserit es una orden secreta femenina que tiene como objetivo la creación por selección genética de un varón perfecto, dotado de poderes psíquicos extraordinarios: el Kwisatch Haderach —que resulta ser Paul Atreides (Kyle MacLachlan)—, quien tendrá que enfrentarse con el vástago de los Harkonnen, Feyd-Rautha Harkonnen (Sting), al que vence.

---

[9] Véase *Jodorowsky's Dune* (Frank Pavich, 2013), documental que explora el intento fallido de Alejandro Jodorowsky, rica en materiales inéditos.

Rodada en gran parte, por razones económicas, en los estudios Churubusco de México y en el desierto de las Dunas de Samalayuca, no es una de las obras maestras de Lynch, pero conserva un peculiar encanto, sobre todo en su diseño de producción y sus personajes. Perteneciente al género de ciencia ficción con ciertos rasgos de cuento de hadas, presenta a una humanidad dividida por las luchas de dos familias feudales, los bellos y dignos Atreides y los grotescos Harkonnen, con su malvado patriarca, pustuloso y flotante, el barón Vladimir Harkonnen. Las familias planetarias pugnan por conservar como colonia el planeta Arrakis, que durante siglos ha pasado de uno a otro de los linajes.

Al comienzo de la novela y la película sabemos que Jessica (Francesca Annis), la concubina del Duque Leto Atreides (Jürgen Prochnow), ha infringido las órdenes de la reverenda madre de la Orden del Bene Gesserit: dar a luz a una niña. Por amor a su marido, el duque Leto, Jessica concibe a un varón, Paul, que llegará a ser el famoso Kwisatch Haderach. Perseguido por el odio del clan Harkonnen, Paul se encuentra abandonado con su madre en el planeta de la especia, pero da pruebas de su valor y de la fuerza de su linaje. Allí se hace reconocer por los *fremen* como su Mesías, sabotea las minas de especia sobre las que reposa el sistema comercial de la galaxia y se casa con una hija del emperador, Irulan (Virginia Madsen), que se convertirá en la cronista de la epopeya y cuya bella presencia al comienzo del filme nos relata la historia del mundo en el que vamos a penetrar. Paul Atreides, convertido en héroe, bautizado Muad'dib por sus tropas *fremen*, ha vivido ya la experiencia de la especia y desarrolla sus poderes latentes de líder.

Kyle MacLachlan interpreta al mesías de Dune

La película de Lynch es lineal y clásica, pero no plana ni únicamente de aventuras exteriores. Flota en ella cierta niebla mística y emplea voces en *off* como pensamientos en voz alta de los personajes. El joven actor Kyle MacLachlan no solo da vida, sino también aura al personaje de Paul Atreides. Como siempre, es una excelente elección por parte de Lynch, gracias a su fría y al mismo tiempo entrañable belleza, su elegancia y la sensación que transmite de nobleza y empatía.

Los toques lyncheanos de *Dune* son muy puntuales y afectan, sobre todo, a las temáticas de los poderes adivinatorios y

telepáticos, al papel de los sueños y al dominio de las fuerzas de la naturaleza, a las resonancias de imágenes visuales y sonoras, a fragmentos que se superponen sin que se sepa su vínculo o sentido claro. Todo ello se concentra en cuatro elementos oníricos que se repiten: el agua negra, gotas de agua cristalina que caen, una mano tendida con los dedos separados y las palabras misteriosas paternas: «El durmiente debe despertarse». Los diferentes nombres enigmáticos y en clave de algunos personajes añaden un sabor exótico a los habitantes del «universo conocido», como emanaciones místicas de la propia especia de Arrakis.

A Lynch le interesaba transformar la trama en algo complejo y con una dimensión laberíntica, plagada de profecías y misterios, más que su conversión en relato mesiánico,[10] pero solo lo consiguió a medias en una producción gigantesca y deshilachada, que desbordaba sus costumbres artesanales y su intimidad con su equipo. La película se rodó por motivos económicos en México con una desmesurada y poco disciplinada cantidad de extras. En su momento no convenció a la crítica, porque adolecía de la falta de interés intrínseco de las grandes epopeyas y de originalidad, más allá de la extravagancia de su estética heterodoxa y por momentos se diría que feísta, a pesar de la espectacularidad del formato Todd-Ao con que fue filmada.[11]

---

[10] DUFOUR, Éric. *David Lynch: matière, temps et images.* Paris: Vrin, 2020, pp. 97-98

[11] Formato de 70 mm con cinco perforaciones por fotograma, relación de aspecto 2.20:1. Su cadencia es de 30 imágenes por segundo y no necesita lentes anamórficas, lo que le otorga una gran definición de imagen.

5

Tríptico de una ciudad tranquila

En ciertas películas figurativas y narrativas, como *Cabeza borradora* y *Terciopelo azul*, David Lynch recurre a una original construcción del filme en horizontal, ensamblando tres partes como paneles a modo de tríptico —no olvidemos que en uno de sus talleres tenía colgado en la pared el *Jardín de las Delicias* de El Bosco, el tríptico más importante de la historia de la pintura—. Esta estructura en tríptico permite aproximar el filme a una pintura en la que no se construye una perspectiva temporal, sino plegada.

Así, en *Terciopelo azul*, ambientada en los ochenta, podemos asistir en el panel central a una «película dentro de la película», más propia de la estética de los años cincuenta —personajes, género, ambientes, músicas y vestuario—, sin que chirríen los dos tiempos, que dejan de ser históricos en términos cronológicos para convertirse en un mismo plano de representación, aun dentro del carácter lineal de la historia, troceándolo sin romperlo. Esto es lo que Lynch quería decir cuando se refería a que deseaba que su cine fuera pintura en movimiento y con sonido y que se pudiera transitar por él. El fastuoso cortinaje de terciopelo azul zafiro del comienzo y del final de *Terciopelo azul* y una música intrigante de Angelo Badalamenti, sobre los que se imprimen los títulos de crédito blancos, no solo sirven para la apertura y el cierre de la obra, sino también como el envoltorio de un regalo cuyo contenido es el tríptico que va a desplegarse ante nuestros ojos. El telón de Lynch no se abre o cierra, sino que, moviéndose levemente, genera en el espectador cierta inquietud y el deseo de penetrar en el mundo que está detrás de él.

Un mundo idílico

En *Terciopelo azul*, el panel lateral izquierdo, el primero, comienza cuando, tras los títulos de crédito, se oyen trinos de pájaro y la cámara diluye el azul del terciopelo con el del cielo luminoso a los sones de la canción *Tercipelo azul* cantada por Bobby Vinton. Este movimiento recoge enseguida una cerca pintada de blanco en la cual se yerguen rosas rojas de largos tallos. A partir de aquí, el ritmo pausado de las imágenes se funde con la música en una sucesión de escenas donde nadie habla, pero nos sentimos más dentro el cine que nunca. Cruza a cámara lenta, de izquierda a derecha, un coche de bomberos; uno de ellos, que tiene a sus pies un perro, nos saluda con la mano como una marioneta. Un plano como el de la cerca con rosas muestra más flores: alegres tulipanes amarillos —azul del cielo, rojo de las rosas, amarillo de los tulipanes: brillantes colores primarios Deluxe—. A continuación, presenciamos una escena curiosa y amable: una policía de tráfico regula el cruce de pequeños escolares en fila por un paso de cebra. En el jardín de una linda casa, un hombre de mediana edad riega el césped con una manguera, mientras en el interior su esposa, sentada en un sofá, toma el té viendo por televisión un *thriller*.

Un hallazgo siniestro

Esta placidez y seguridad se rompe cuando en la manguera se produce una avería que impide el flujo del agua, como metáfora de que algo está fallando en el cuerpo del hombre que riega, que efectivamente se lleva las manos a la nuca y se desploma presa de un infarto. El chorro que surge a la altura de su vientre es bebido ávidamente por un perrillo con unos movimientos que parecen una felación. Un niño pequeño contempla la escena chupando un caramelo. Sin que medie más acción ni se vea quién maneja la cámara, esta, con objetivo macro, se introduce cada vez más profundamente entre las hierbas hasta llegar a un montón de hirvientes y ruidosos escarabajos negros. Como contraste, de regreso a la tranquilidad anterior, un cartel en la carretera muestra a una joven risueña con las palaras «Bienvenidos a Lumberton» y una radio saluda a los oyentes y da la hora: las nueve y media de la mañana, mientras proclama que en el pueblo maderero de Lumberton hay mucha madera que cortar.

Entretanto, un joven con aspecto de estudiante, Jeffrey Beaumont (Kyle MacLachlan), camina por el campo mientras lanza piedrecitas a una cabaña abandonada sin acertar a darle. Se dirige al hospital, donde se encuentra con su padre (Jack Harvey), erizado de tubos y tornillos que no hacen pensar en un mero infarto, sino en el monstruo de Frankenstein. Tras haberlo visitado, Jeffrey vuelve a pasar ante la cabaña y busca guijarros para arrojarlos, pero encuentra algo espantoso: una oreja humana cortada, plagada de hormigas rojas, que yace en el suelo en plano detalle. Sin saber qué hacer, la coge, la introduce en una bolsita de papel y se dirige con ella al pueblo. En la comisaría pregunta por el detective Williams (George Dickerson), conocido de su familia, le muestra la oreja y lo acompaña al despacho del forense. Este dice que ha sido cortada con unas tijeras pero que antes de hacer pruebas no puede decir más sobre ella.[12]

Jeffrey vuelve a su casa. Aunque en realidad baja la escalera de su habitación al comedor, lo que provoca la sensación de penetrar en un espacio oscuro y siniestro, como el sótano de una película de terror. En el saloncito, su madre (Priscilla Pointer) y su tía (Frances Bay) toman té y se entretienen viendo la televisión. Se despide de ellas y sale a dar una vuelta. Durante su paseo nocturno,

[12] Sobre la oreja y otros símbolos en Lynch, véase HUMANES, Iván. "Lynch y la ciencia sagrada", en FERRER, Roger (ed.). *Oculto David Lynch*. Ondara: Dilatando Mentes, 2022, pp. 211-252.

encuentra un nuevo detalle inquietante: un hombre gordo con un perro, inmóvil como un maniquí, no hace el menor movimiento al pasar por su lado. Jeffrey mira hacia arriba, a las ramas de los árboles. A su rostro se superpone el de la oreja cortada a modo de evocación, como si de repente la recordara. La cámara se mete en la oreja, que ocupa todo el plano, como en un laberinto con un ruido inquietante. Este plano dura poco y se corta en seco. Jeffrey visita al inspector Williams en su hogar por si se sabe algo más sobre el macabro hallazgo, pero es despedido amablemente por el detective a causa de lo intempestivo de la hora y el lugar.

De nuevo en la calle, el joven ve a alguien que sale de la oscuridad como un fantasma —recurso muy utilizado por Lynch—. Es la hija del inspector Williams, una chica rubia recatada, vestida de rosa, llamada Sandy (Laura Dern), que le pregunta con ironía por la oreja. Jeffrey, preso de curiosidad, casi convence a Sandy de que le ayude a investigar sobre el caso. La joven, que ha oído algo a su padre en relación con cierta mujer, lo conduce al apartamento de una cantante, en un edificio cercano llamado Deep River Apartments. Al día siguiente, él entra disfrazado de fumigador y conoce personalmente a la dueña, Dorothy Vallens (Isabella Rossellini), pero debe irse enseguida porque llega una visita.

«No sé si eres un detective o un pervertido», dice Sandy cuando él le pide ayuda para seguir investigando a Dorothy, convencido de que esta tiene algo que ver con el despojo amputado y de que será una experiencia extraordinaria resolverlo. Sin mucho entusiasmo, la hija del detective promete ayudarle, pero deja claro que lo hace por amistad, pues está enamorada de su novio. Se queda en el coche para advertirle de cualquier peligro con el claxon. Jeffrey logra entrar en la casa de la cantante, pero esta llega casi al mismo tiempo y él se esconde en un ropero. Está metido en una aventura peligrosa, como parece haber deseado. Aquí acaba el panel izquierdo, de presentación de un mundo idílico donde aparecen algunos signos siniestros, y comienza la parte central, con el grueso de la historia protagonizada por Jeffrey Beaumont, Dorothy Vallens y una banda de facinerosos comandada por el psicópata Frank Booth (Denis Hooper).

El centro del tríptico, historia prologada y epilogada por los otros paneles, es en sí mismo muy autónomo. Casi podría decirse que los protagonistas de este segmento del filme se introducen en una especie de película de otra época, de las que Lynch y sus amigos veían cuando eran jóvenes. Está fuertemente caracterizada como *thriller*, de marcados rasgos grotescos y canciones de la época, como la que le da título, *Blue Velvet* de Vernie Wayne. No por ello estamos ante una película policiaca nostálgica de los años cincuenta, aunque contiene y explora convenciones como la mujer fatal (Dorothy Vallens), un malvado degenerado e histriónico (Booth), la corrupción policial (El hombre del traje amarillo) y un héroe o un agente salvador (el propio Jeffrey). Al entrar en contacto con la atractiva, sensual y enigmática cantante de club, Jeffrey emprende un recorrido iniciático en las complejidades del deseo hacia una mujer madura y de moral dudosa, y se ve inmerso por su voluntad de saber en un mundo extraño y siniestro, regido por un pervertido y su banda de delincuentes, que se dedican al mundo de la droga y han raptado al marido y al hijo de Dorothy. La teoría de Jeffrey al respecto es que los mantiene en su poder para impedir que Dorothy se quite la vida y poder seguir abusando de sus turbios favores. El muchacho se enfrenta valerosamente a los malvados para salvarla.

Puede decirse que su estructura lo convierte en el más clásico y popular de los filmes de Lynch, pero está enriquecida por toques lynchianos, que van surgiendo en el mundo extraño en el que Jeffrey se introduce. En ocasiones, una escena dramática violenta y extravagante, amenazadora para el joven, le provoca temor y lo amenaza, pero, a la vez, produce efectos cómicos. Esto ocurre en la secuencia más risible de la película, llamada por Chion «la escena interminable», protagonizada por Jack, y sus amigos, en la que Ben (Dean Stockwell), el «payaso color caramelo», actuando de manera afeminada, canta en *play back* una canción sentimental de los años cincuenta, *In Dreams* de Roy Orbison, teatralizando su letra a través de su atuendo y maquillaje.

El panel central constituye una historia *en abyme* de sexo vicioso, perversión y maldad grotesca, que finaliza con la liberación de Dorothy y su familia por la policía y con un disparo a Jack desde el armario por parte de Jeffrey. En ese momento, entran Sandy y su padre, que dice al chico: «Todo ha pasado, Jeffrey». La lámpara del cuarto y las luces del inmueble se apagan. La policía acordona el edificio. Sandy y Jeffrey, que han pasado a ser novios, se besan, como en los finales del cine clásico.

Un fundido en blanco nos conduce al panel lateral derecho, última parte del tríptico, que hace *pendant* con la primera. Se inicia con un movimiento de cámara hacia atrás que va mostrando, en plano detalle, una oreja fresca y juvenil: la de Jeffrey, que descansa en una hamaca en el jardín. Es una excelente forma de salida de la historia vivida por el joven, en este caso a través de su propia oreja y no del despojo inicial con el que comenzó su incursión en el "mundo extraño". En la ventana de la cocina un petirrojo americano lleva en el pico un grueso insecto negro que acaba de atrapar. Vuelven los pájaros del amor, evocados por Sandy en una de las escenas más tiernas, inolvidables y cursis de la película. «Es un mundo extraño, ¿verdad?», pregunta la joven a Jeffrey, que a estas alturas ya es su pareja, olvidando su escabrosa aventura con Dorothy, la desdichada *femme fatale* y dama de azul.

El plano de la cerca blanca con tulipanes amarillos da paso de nuevo al camión de bomberos que vimos en el primer panel, con su mismo perro y saludando con la mano como un maniquí. Le sigue un plano de la cerca de las rosas rojas. Por la izquierda irrumpe un niño con un gorrito, el hijo de Dorothy Vallens, liberado del secuestro. Ella, en un banco del jardín, lo abraza cariñosa y feliz. Su sonrisa se ensombrece un instante mientras suena *Tercipelo azul*, cantado por su voz como en el cabaret —no por la habitual de Bobby Vinton—. Mira al cielo azul aliviada para siempre, y no con nostalgia por su vida airada de la parte central de la película, como hemos leído en alguna crítica algo morbosa o distraída.

La visión ideal del inicio del filme no coincide exactamente con la última, aunque compartan ambiente, bomberos, perro, flores y retazos de trama, pues el panel final está enriquecido por la experiencia e iniciación de la historia vivida por los personajes y compartida por el espectador. Para Jeffrey, es un descenso a los infiernos para un mejor ascenso a la superficie, una aventura más cinematográfica que real y una manera de abordar con la conciencia clara su vida de buen tipo de clase media americana con la no tan ingenua Sandy.[13]

[13] THIELLEMENT, P. *Tres ensayos sobre Twin Peaks*. Barcelona: Alpha Decay, 2020, p. 107.

6

De la llama al ocaso

Señala Chion[14] que la recuperación experimentada por Lynch gracias a *Terciopelo azul* después del fracaso de *Dune* lo animó a abandonar el cine comercial y a retomar sus audacias formales y el barroquismo autoral de sus comienzos. Llama "Sinfónico" a este cine enriquecido por una serie de rasgos: la utilización de contrastes más potentes, la puesta en evidencia de la discontinuidad de la estructura general, en lugar de disimularla, y una utilización especial del sonido Dolby y de sus ricos e inmersivos recursos en tonos y atmósferas. Concluye que el desafío consiste en lograr una unidad expresiva y organizada a partir de elementos dispares. *Corazón salvaje* (*Wild at Heart*, 1990, David Lynch) fue la primera tentativa en ese sentido.

En el diverso y variado conjunto de la obra de Lynch de los años noventa destacan dos obras lineales y figurativas, aparentemente antagónicas: la primera es la mencionada *Corazón salvaje*, fábula romántica en clave de *road movie* frenético y juvenil, y la segunda es una crónica real de heroicidad en el ocaso de la vida del septuagenario Alvin Straight (Richard Farnsworth), una lenta y plácida aventura de testaruda vejez, también *road movie*, aunque a otro ritmo. *Una historia verdadera* narra el viaje en solitario de quinientos kilómetros de un anciano a bordo de un

[14] CHION, M., *op. cit.*

cortacésped para visitar a su hermano enfermo, al que hace diez años que no ve. Cifras surrealistas, pero auténticas. Todo es verdad, por extraño que parezca, en el cine de David Lynch.

Corazón salvaje

Corazón salvaje, protagonizada por Sailor Ripley (Nicolas Cage) y Lula Pace Fortuna (Laura Dern), jóvenes en pleno fuego de pasión, vitalidad y recuerdos ígneos del pasado, es una película ardiente. Sus títulos de crédito comienzan con el chasquear de una cerilla que ilumina los nombres de los protagonistas para convertirse en un fuego voraz que llena la pantalla. Abundan en el filme los fósforos que se prenden y crepitan en plano detalle y brasas de cigarrillo crujientes a modo de ardientes puntuaciones. La película está presidida por el goce, el arrebato y el calor de los cuerpos como el buen fuego, en contraposición a los demás fuegos malos o incendios criminales que han quedado atrás, en el pasado de los personajes negativos. Estallan signos de puntuación a lo largo de vidas que se inflaman de amor y velocidad y que guardan el secreto de un incendio, que se irá desvelando en *flashbacks* estremecedores desde los distintos puntos de vista: el de Lula rememorando el relato de su madre y el de Saylor, que sí lo presenció. El telón de fondo con el que se abre la película es el fuego como el de *Blue Velvet* es el terciopelo azul, envuelto por la impactante música de Straus, el *lied Im Abendrot*, que refuerza el ardiente efecto del amor y volverá a oírse en los pasajes clave.

David Lynch creó su guion en solitario sobre la novela de Barry Gifford, *Wild at Heart: The Story of Sailor and Lula*,[15] que presenta una forma de balada fragmentaria con pocos elementos, predominando el diálogo. Se compone de varios capítulos cortos con títulos propios, conversaciones de carretera, noticias de radio y algunos acontecimientos de ruta, todo ello vivo y fresco, sin que falte la poesía de un amor libre entre dos jóvenes apasionados, pero espontáneos y apacibles. Esto es lo que expresa la frase que inspira el título y que pronuncia Lula en las primeras páginas: «El mundo verdaderamente tiene el corazón salvaje y la cabeza extraña» (*wild at heart and weird at head*). Tanto en el libro como en la película los amantes resultan especialmente normales en un mundo anormal y desquiciado, y ahí reside su humanidad y su encanto, en el que se combina la gracia y la placidez de lo que se dice en los originales diálogos, tanto en la carretera y en los moteles como en algunas de sus peripecias o *flashbacks* inesperados y duros, en los que aflora el cruel y extraño mundo lyncheano.

Corazón salvaje es la historia de una pareja de enamorados perseguida por Marietta (Diane Ladd), la bruja malvada del Oeste del *Mago de Oz* y madre de Lula, y protegida por la bruja buena, Glinda (Sheryl Lee), mientras se dirigen hacia la felicidad como en un cuento de hadas. La película es violenta y sensual desde el comienzo, con cierto jugueteo por parte de la joven Lula, que a sus veinte años es una amante cariñosa y divertida, en contraste con Sailor, un buen chico roquero un tanto melancólico, que presume de su chaqueta de piel de serpiente, fetiche que le confiere individualidad y personalidad. Es fan de Elvis, de

---

[15] GIFFORD, Barry. *Corazón salvaje*. Madrid: Alianza, 1990.

sus gestos y de canciones como *Love me, Be-Bop-A-Lulla y Love Me Tender,* y ama profundamente a Lula, pero es presa de arrebatos violentos que le resulta difícil controlar. No comprende la violencia real del mundo de los años ochenta, mostrado de manera exagerada y casi cómica, en su grotesca banalidad en las noticias que oyen por la radio del coche y ante las que se quedan alucinados. Para contrarrestarlas, ponen música *rock* y se entregan a una danza frenética en la cuneta.

Sailor y Lula no son Bonnie and Clyde, pues no están juntos para jugar a malhechores, vivir peripecias violentas, trasgredir la ley y morir. Siguen las líneas amarillas de la carretera sin objetivo. Sailor se salta la libertad condicional, pero no hay en ello, como en *Carretera perdida* o *Tercipelo azul,* una inmersión en otro mundo bajo la superficie de las cosas. Aquí está todo en el mismo plano, en una exhibición directa y brutal de la violencia —como se anuncia desde el inicio, cuando Sailor mata a golpes a un esbirro— y en la tierna sexualidad de la pareja en los actos amorosos y conversaciones.

La película empieza en el *hall* de un lujoso edificio de Cape Fear, en algún lugar entre Carolina del Norte y Carolina del Sur, a los sones de la vital música de Glenn Miller, *In the Mood.* La cámara de Lynch nos muestra una suntuosa arquitectura abovedada. Un sicario negro de la madre de Lula se acerca a la chica y le dice una grosería: "Vas a ser mía". Acto seguido, amenaza a Sailor y le acusa de propasarse con la madre de Lula en los lavabos, por lo que ella le ha dado dinero para que lo castigue. Saca una reluciente navaja, cuyo destello parece encender la violencia de Sailor, quien, con tremenda furia, mata al agresor de una

Amantes en la carretera

espectacular paliza allí mismo, delante de Lula, Marietta y los invitados. Finalmente, enciende un cigarrillo y señala con un dedo a la madre de Lula, espectacular rubia, que lleva un vestido azul zafiro.

Una elipsis, enunciada por una voz en *over*, marca que veintidós meses y dieciocho días después de la trifulca Sailor sale del Correccional donde ha purgado su pena. No ha sido condenado, porque mató en legítima defensa. A la entrada le espera Lula, desoyendo la prohibición de su madre de reunirse con él, a quien odia, sin que sepamos por qué.

Sailor y Lula se abrazan alegremente delante de la puerta del Correccional, ella le entrega la chaqueta de piel de serpiente y parten raudos en su descapotable para empezar a pasárselo en grande. La *road movie* está puntuada por paradas amorosas en moteles, confidencias y bailes roqueros en clubes de carretera. En un par de ocasiones, unas manos de bruja con las uñas pintadas de negro rodean una bola de cristal, símbolo amenazador de los malos trances recordados y futuros del viaje. Entretanto, Marietta habla con su amante, el detective Bobby Farragut (Harry Dean Stanton), para que acabe con Sailor. Él le advierte de que el chico está limpio, pero que cuidará de Lula. En este momento, hay un *flashback* en la carretera, con un recuerdo de Sailor de la aproximación obscena de Marietta en los lavabos de Cabo Fear, que recuerda al de la madre de la novia de Henry en *Cabeza borradora.*

En una discoteca roquera, un zángano se mete con Lula, y Sailor le quema la mano con un cigarrillo y le ordena pedir perdón a su chica, cosa que este hace. Sailor noblemente le invita a una cerveza, coge un micro y se dispone a hacer un regalo a Lula. Le canta la canción de Elvis: *Love Me*, con gran regocijo y aplausos de la concurrencia. Al regreso al motel, ella pregunta por qué no le ha cantado su favorita: *Love Me Tender* y él dice que la reserva para su esposa. Lula cuenta a Sailor cómo murió su padre según su madre le contó a ella: se roció con gasolina y se prendió fuego. Vemos en *flasback* al hombre correr en llamas, desplazándose horizontalmente de una ventana a otra, abrasándose. Las imágenes del recuerdo son de Sailor y no una evocación de Lula, pero solo más tarde sabremos que fue él quien presenció aquel horror siendo chofer del facineroso Marcelo Santos (J. E. Freeman), que lo asesinó por instigación de Marietta. Por eso odian a Sailor, temerosos de que los delate. Marietta se pone en contacto con Marcelo para que mate a Sailor, aunque a quien él quiere matar es al amante de esta, el detective Farragut.

Tienen lugar escenas de recados y trapicheos entre los matones, mientras Lula y Sailor siguen su *road romance* y van llegando a Nueva Orleans, perseguidos por los amigotes de Marietta, que se arrepiente de haber puesto la vida de Farragut en manos de Santos y se embadurna la cara de carmín hasta parecer la bruja verde de *El Mago de Oz* (*The Wizard of Oz*, Victor Fleming, George Cukor, Norman Taurog, 1939), pero en rojo, color complementario que quizá indica que no desea ser tan perversa como para entregar a su amigo al matón. Lynch hace de Marietta un personaje desmesurado, acentuando tanto su carácter calculador, a la vez blando y tiránico, como las peculiaridades de ciertas mujeres maduras del cine norteamericano, desengañadas, borrachas y, en algunos casos, rodeadas de matones que les sirven por dinero, pero que en el fondo las desprecian. Solo Farragut la respeta y la ama, y está dispuesto a proteger a Lula, pero no a matar a Sailor. Mientras en la novela Marietta es únicamente una histérica, en la película es, además, histriónica. Representa su papel exageradamente Diane Ladd, aunque su interpretación, tal como la dirige Lynch, tiene también algo de frágil e ingenuo, que desconcierta sin enternecer ni suscitar la simpatía del espectador.

Lynch también añade al nido de sicarios a dos nuevos personajes: el señor Reindeer (William Morgan Sheppard), una especie de "padrino de opereta" —como lo llamó un crítico— que tiene un burdel en Nueva Orleans y anuda los hilos dispersos de la intriga, y a Bobby Peru (Willem Dafoe). Peru es un repugnante exmarine del Vietnam, sospechoso de haber participado en matanzas de civiles. Representa lo más sórdido y vil que quepa imaginar, con sus dientes ruinosos y su sonrisa de sátiro. Es un bravucón al estilo de Jack en *Terciopelo azul*: teatral, caricaturesco, que transmite terror y depravación y cierto toque de humor sulfuroso.[16] Es el encargado de urdir un atraco para cazar a Sailor.

Según se acercan a Nueva Orleans, Sailor y Lula protagonizan diálogos y acontecimientos cada vez más enloquecidos. Ella le habla de su extravagante primo Dell (Crispin Glover), que siempre quería que fuera Navidad, se pasaba las noches haciendo sándwiches, temía a los extraterrestres de guantes negros, se llenaba los calzoncillos de cucarachas... ¡y hasta se las metía por el ano! En un plano le vemos elegantemente vestido retorciéndose con la cucaracha dentro, como si danzara.

Este episodio grotesco y repulsivo, narrado y visualizado en *flasback*, es cercano a uno de los momentos más trágicos de la película. De noche en la carretera, la pareja encuentra gran cantidad de ropa dispersa por la calzada, como si una maleta hubiera reventado. No cabe duda de que se trata de un accidente. Bajan del coche y echan un vistazo. Encuentran a un hombre muerto y una chica viva,[17] herida en la cabeza y desorientada, buscando frenéticamente su bolso, sus papeles, sus tarjetas y sus cosméticos. «Mi madre me matará si sabe que los he perdido». Muere entre los brazos de la pareja. Es uno de los pocos encuentros en este *road movie* de una tremenda mezcla de desgracia y horror físico —«tengo el cabello húmedo», dice la joven tocándose el

---

[16] DUFOUR, E., *op. cit.*, p. 47.

[17] Interpretada por Sheryl Fenn, que interpretará a la hija de Ben Horne en *Twin Peaks.*

cráneo roto—, con una extraña comicidad pánica, a la que no es ajeno el humor negro de Lynch.

Sailor y Lula, sin recursos, hacen un alto en una pequeña localidad de Texas llamada Big Tuna (el Gran Atún), donde se encuentran con Bobby Peru. Aprovechando la ausencia de Sailor, Bobby entra en la habitación del motel donde se alojan y acosa a Lula, echándole en la cara un aliento que se adivina pútrido, para obligarle a que le pida que la folle. Ella, asustada por este hostigamiento, finalmente lo dice para que la deje en paz, y él —sin tocarla— se despide diciendo: «Otra vez será. Tengo otras cosas que hacer». Es una de las escenas más impactantes de la filmografía de Lynch, porque se revela como una representación que mezcla la extrema vileza con una broma de estupidez supina. Perturba no solo a Lula sino sobre todo a los espectadores. Y no, como dice Chion,[18] porque no vaya hasta el final. Peru no viola a Lula, es peor si cabe: se burla de ella y de nosotros. Algunos dicen que la joven acaba pronunciando las palabras que le pide el matón por deseo. ¡Qué idiotez! Para Lula, el acercamiento de Bobby Peru es una imposición insoportable. No cede al deseo, sino al pánico, lo que no le impide sentirse mal, como si hubiera traicionado a Sailor, y más aún habiéndose iniciado una inequívoca aproximación sexual del matón, como expresa la cámara al pasar de planos generales a planos más cercanos e incluso a primerísimos y repulsivos planos de la boca podrida de Bobby.

Después de la escena con Peru, Lula taconea un poco con sus zapatos rojos, como la Dorothy del *Mago de Oz*: Es el medio mágico para dejar el país imaginario de las baldosas amarillas y volver a su granja en Kansas; pero por

[18] CHION, M., *op. cit.*

más que Lula mueva sus zapatos tanto como quiera, no podrá dejar el infierno de Big Tuna. La joven se deprime ante la idea de vegetar en aquel agujero perdido, y más ahora que sabe que está embarazada de Sailor.

Cumpliendo órdenes de Marietta y sus secuaces, Bobby Peru tiende una trampa a Sailor, a quien propone que participe en el atraco a un almacén de cereales que guarda cinco mil dólares en la caja. Ante las reticencias de Sailor, Bobby le asegura que es dinero fácil y le garantiza que no habrá heridos. A la puerta del establecimiento, en el que entran armados y con medias en la cabeza, les espera Perdita Durango (Isabella Rossellini), novia de Peru, que es interceptada por un coche de policía. Bobby incumple su palabra de que no habrá violencia, dispara a los dos hombres del almacén, a los que deja en un charco de sangre, a uno de ellos sin una mano, que es arrebatada por un perro —único beneficiario del «botín»—. El empleado busca su mano como la chica buscaba las tarjetas de crédito en el accidente en carretera. Su compañero le dice: «No te preocupes te la coserán, ahora hay muchos adelantos». Sailor es arrestado y condenado a seis años de cárcel por complicidad con el asesino.

Marietta se hace cargo de Lula, que da a luz al hijo de Sailor. Varios años después la pareja se reúne en la estación de ferrocarril. Siguen amándose, pero ante la indiferencia con que le acoge su retoño, Sailor piensa que su vida ya no será la misma y encuentra más sensato dejar a Lula, que al parecer «se las arregla muy bien sin él». Lula, muy dolida, le ve partir entre gritos y llantos. Sailor camina con sus botas de vaquero, su chaqueta de piel de serpiente y su maleta por una calle amplia y polvorienta. Le salen al encuentro unos cuantos matones, que lo rodean y a los que insulta llamándolos «maricones». Le dan una paliza y lo rodean tumbado en el suelo, pero inexplicablemente desaparecen, dejándole solo.

La bruja buena interpretada por Sheryl Lee

El final fabuloso es un añadido de Lynch al libro de Barry Gifford, pero contentó a ambos. Se le acerca desde abajo una luz violeta que se convierte en círculo o sol. Contiene una figura fabulosa: la bruja buena de *El Mago de Oz*, que le aconseja entre resplandores que vuelva con Lula. Reaparecen los matones, pues lo anterior ha sido una visión de Sailor al perder el conocimiento, pero despierta renovado, les pide perdón por el insulto y corre frenético y esquivando peligrosamente el tráfico hacia Lula, que lo recibe alborozada. El niño los mira contento. Ha «adoptado» a su padre. La escena de amor reconquistado es clásica, pero David Lynch enriquece su icónico beso y la convierte en original cuando

Sailor se pone a cantar a Lula la canción completa *Love Me Tender* de Elvis hasta el final de los créditos.

Una historia verdadera

Una historia verdadera es un sencillo y emotivo *road movie* crepuscular, con algunos momentos vivaces, entre los cuales no hay relación ni más continuidad que la del viaje del anciano granjero protagonista, en su peculiar vehículo, un viejo cortacésped enganchado a un remolque, con el que recorre más de quinientos kilómetros para ver a su hermano Lyle (Harry Dean Stanton), que ha sufrido un infarto. Se trata de una historia real guionizada por John Roach y Mary Sweeny y con música de Angelo Badalamenti. Constituye un contrapunto perfecto de la *road movie Corazón salvaje*, ya que su simplicidad y transparencia purísimas contrastan con la trepidante vitalidad y violencia del viaje iniciático de Sailor y Lula frente a la crueldad del mundo. Si *Corazón salvaje* comienza con un telón de fuego devorador, *Una historia verdadera* lo hace con amplios planos aéreos, casi abstractos, de verdes campos de cultivo que están siendo segados, y con la tranquila visión de un pueblecito agrícola, en el que se alzan grandes silos de grano. Estamos en Wisconsin y vamos a dirigirnos a otro estado a paso de caracol.

En el viaje de Alvin Straight no existe misterio ni enigma más allá de lo que cuentan el protagonista y los personajes que encuentra en su plácido camino. Este es lineal, una sucesión de momentos. No hay relatos paralelos ni importa por qué los hermanos dejaron de hablarse —cosas de la vida—. Cuando Alvin cuenta que perdió a sus nietos y que vive con su hija, Rose (Sissy Spaceck), tartamuda bondadosa enteramente dedicada a él y a construir casitas para pájaros, no se produce más que un *flashback* de la propia Rose, que remite a una escena inspirada en *M, el vampiro de Düsseldorf* (*M - Eine Stadt sucht einen Mörder*, 1931, Fritz Lang), en la que vemos el plano de un balón en solitario, sin la presencia del hijo perdido.

Straight y su hermano Lyle viven lejos y hace muchos años que no se ven; ni siquiera se hablan. Pero el ataque al corazón de su hermano y un desvanecimiento suyo en casa, que puede presagiar en él algo semejante, a decir de su médico, parecen conmover al anciano y convencerlo de ir a ver a Lyle, aunque sea para despedirse. Sin carnet de conducir ni medio de transporte fácil, no duda en emprender el largo camino con su cortacésped, decisión surrealista, pero auténtica, en la que no falta el fetiche de los *road movies* de Lynch: las rayas amarillas de los carriles de la carretera, como en *Corazón salvaje* o *Carretera perdida*, pero a distinta velocidad y sin caer en otro mundo ni ser perseguido por malhechores. «Todavía no me he muerto», dice a su hija, no muy contenta con el viaje de su viejo pero vivaracho padre, cuyos ojos azules brillan con ilusión juvenil cuando emprende su Odisea. Es muy testarudo. Rehúsa que lo lleve un amigo durante un tramo porque quiere hacer las cosas a su manera y acabarlas como las ha empezado.

La lentitud, la serenidad de la vejez, el silencio, la conversación monótona, la contemplación de los campos, paisajes, horizontes y cielos cambiantes, y el uso del Cinemascope, así como la excelente banda sonora de Angelo

Badalamenti, trufada de melancólicas ráfagas *country*, privilegian la intimidad y la bondad de los personajes y contribuyen a que el pausado ritmo transmita los valores de un mundo agrícola otoñal, diferente al violento y turbio en el que se mueven, entre individuos moralmente escabrosos, Sailor y Lula.

El primer encuentro de Alvin en la carretera es con una joven autoestopista a la que los coches no paran; él tampoco: no tiene sitio para ella, pero vuelve a encontrarla por la noche, mientras se prepara la cena ante una fogata junto al carromato como un viejo colono. Invita a la chica a una salchicha y le alarga un palo para que la ensarte y la ase. Hablan poco, pero se cuentan lo más importante de sus vidas: que ella se ha fugado de casa porque está preñada de cinco meses y cree que todos al saberlo, incluido su novio, la van a odiar. Él la consuela con gracejo: mejor estaría en su cama bajo techo que cenando una salchicha pinchada en un palo junto a un viejo que viaja en una cortadora de césped. Ella, aunque seria y retraída, se ríe y le pregunta por su familia. Alvin le cuenta que estuvo casado y tuvo catorce hijos. Ahora vive con su hija Rose. Tiene cuatro nietos, pero no viven con ellos porque a Rose se los quitó el Estado, por considerarla incapaz de cuidarlos tras un incendio que se produjo mientras estaban al cargo de otra persona. El crepitar del fuego en el silencio de la noche, el frío y las confidencias crean una atmósfera íntima, pero efímera. Pronto sale el sol y Alvin ya no encuentra a la muchacha, que le ha dejado un manojo de ramas en respuesta al tópico aunque emotivo consejo que él le dio, antes de irse a dormir, sobre la fortaleza de la familia que permanece unida.

Un viajero anacrónico

En su ruta, el viejo Alvin sufre estoicamente diversos cambios de tiempo, entre ellos una gran tormenta. Encuentra una caseta ruinosa de tablas donde guarecerse sin bajar del vehículo, y allí espera con paciencia contemplando el paisaje gris y la lluvia que no cesa. Luego reemprende su viaje entre campos de maíz, atardeceres, sobreimpresiones que acortan la infinidad de su tiempo, hasta que se encuentra con un enorme pelotón de ciclistas y acampa con ellos. Lo acogen amistosamente y le preguntan por su excéntrico viaje y por la vejez. Él responde con frases hechas, que en su boca suenan auténticas porque no es un filósofo, sino un hombre normal que ha vivido siempre en el campo. Lo peor de la vejez —dice— es recordar que has sido joven, pero no es malo tener muchos años porque ya lo has vivido todo y echas pocas cosas de menos.

El siguiente encuentro es dramático. Un gran ruido, un automóvil parado y una mujer que ha salido de él histérica, dando gritos y reprochándose una mala suerte que no puede eludir: para ir al trabajo siempre tiene que pasar por donde cruzan los ciervos. Alvin abandona su vehículo por si puede ayudar, pero lo de la mujer no tiene remedio: cada semana atropella sin querer a un ciervo. «¡Y yo amo a los animales salvajes! ¿De dónde salen?», exclama desesperada antes de volver a su automóvil y salir pitando. Cuando ella pone en marcha su vehículo y arranca a todo correr, Alvin se acerca a la hermosa criatura que yace en la calzada. Es un corzo joven y lustroso. Al menos esa noche podrá prescindir de las salchichas y se dará un banquete, y hasta podrá adornar el remolque con el trofeo de su cornamenta. Asa grandes trozos de carne rodeado y contemplado fijamente por una manada de ciervos inmóviles, que parecen disecados. Maravillosas ocurrencias del antiguo surrealista Lynch.

Más paisajes cambiantes, más ocasos, más cosechadoras trabajando en los campos. Y la presencia de las montañas anunciada por densos bosques. Alvin lleva más de cuatro semanas de camino, fumando y comiendo salchichas, y sigue sin un solo achaque. En las afueras de un pueblo, un grupo de bomberos hace prácticas intentando apagar el fuego que consume una vieja casa de madera y cañizo, un fuego muy diferente del de *Corazón salvaje*. En ese momento, la carretera toma una pendiente peligrosa y la cortadora de Alvin comienza a dar tumbos hasta casi empotrarse en el incendio. Los vecinos y los bomberos le socorren. Sacan el tractorcillo de la zona de peligro, pero su motor se ha dañado. Los bomberos se retiran y Alvin queda en manos de un amable vecino que se ofrece a llamar a la grúa y le deja acampar en su jardín. Un rasgo de amable dignidad de la gente humilde tiene lugar entonces: Alvin pide un teléfono móvil para llamar a su hija y pedirle que le envíe algo de dinero de la pensión, pues va escaso de fondos y no quiere abusar de su huésped, a quien devuelve el teléfono con un fajo de billetes de dólar. Este, fascinado por las mañas del viejo, asiste al día siguiente al regateo con los mecánicos, que quieren cobrarle el doble y no lo consiguen, sin que nadie se enfade.

Alvin se despide bebiendo un vaso de leche con un viejo que lo ha ayudado. Él no bebe alcohol desde el fin de la guerra, cuando sufrió un *shock* traumático al matar por error a uno de sus soldados, a quien todos habían confundido con un alemán. Ni batallas de esta clase faltan, lenta y dolorosamente contadas por Alvin en primer plano, sin que el montaje de Lynch lo interrumpa para no menoscabar la emoción.

Cuando falta muy poco para llegar a su destino, el excéntrico vehículo parece que va a estropearse, pero un tractor lo auxilia y al fin se halla frente a una casa vieja, casi ruinosa, de aspecto abandonado. Nos parece a estas alturas que el viaje ha sido en vano. Cuando Alvin grita un par de veces el nombre de Lyle, se genera cierta inquietud y suspense, pero al fin este aparece como un fantasma en el hueco de la puerta. Está muy viejo y lleva andadores y una andrajosa bata. Ambos se miran, se reconocen y, sin tocarse, se sientan en sendas sillas en el porche. Lyle, mirando el bizarro vehículo de su hermano, pregunta: «¿Has venido en eso a verme?» «Así es, Lyle», responde entre sonrisas y viejas lágrimas Alvin. También brillan en los ojos de su hermano. Ni una palabra más. Levantan la mirada al cielo y lo ven estrellado, como en su infancia. Hermoso final rematado por el rótulo «*In memoriam Alvin Straigh*».

7

La trilogía de Los Ángeles: *Carretera perdida*, *Mulholland Drive* e *Inland Empire*

Carretera perdida y *Mulholland Drive* suelen considerarse obras similares dentro de la filmografía de David Lynch y tienden a incluirse, junto a *Inland Empire*, en la denominada *Trilogía de Los Ángeles (California)* o *Trilogía de la mente*, dando por supuesto que las tres persiguen abordar ciertos procesos mentales del ser humano relacionados con el *sick love*. *Carretera perdida* y *Mulholland Drive* corresponden a un momento en el que Lynch aspira a ideas abstractas y formas narrativas más experimentales que en *Terciopelo azul* para generar mundos cada vez más interiores, de personajes que se ven obligados a habitarlos como resultado de sus temores, desilusiones y acciones extremas.[19] No obstante, lo que caracteriza a estos filmes, como rasgo común no es lo psicológico sino lo cinematográfico: la ruptura de la linealidad cronológica, la transgresión de la continuidad espacial y de la coherencia, así como el uso de una narrativa fragmentada.

[19] RODLEY, Chris. (ed). *Lynch por Lynch*. Buenos Aires: Cuenco de plata, 2017, p. 13. [edición original: 1997].

Aunque en *Carretera perdida (Lost Highway*, 1997) sigue presente la idea del tríptico que estructura *Cabeza borradora* y *Tercipelo azul*, esta adquiere mayor complejidad cuando se contempla desde su final.

El primer panel del tríptico arranca con una larga escena nocturna de un coche recorriendo la carretera al son de la música de David Bowie, evidentemente muy lejos de la de Bobby Vinton, y más aun de su letra, pues en esta se dice «I am deranged» (estoy trastornado), que en los títulos de crédito viene como fogonazos hacia nosotros. Al final del filme, la letra de la canción dirá: «Sin retorno». Luego vemos un primer plano del protagonista, Fred Madison (Bill Pullman), mal afeitado, algo deteriorado físicamente, emergiendo de su casa desde la oscuridad. La aparición del personaje desde las tinieblas —y lo que ello presagia de intrigante o siniestro— es una de las constantes de Lynch y, en este filme, el motivo se repetirá una y otra vez, ya sea en pasillos, escaleras o en el dormitorio. Bill escucha entonces por el interfono una llamada que le dice: «Dick Laurent está muerto».

Fred mira al exterior por las ventanas, pero no ve a nadie. Tampoco sabemos quién es Dick Laurent. Fred es un saxofonista profesional que actúa por las noches en un club de *jazz*. Vive con Renée (Patricia Arquette) en un apartamento austero, adornado con macetas de lenguas de suegra —tan del gusto de Lynch—, con muchas zonas oscuras acentuadas por fundidos en negro, como veremos también en el propio personaje. La pareja recibe en la puerta de su casa cintas de video que primero muestran la fachada de la misma y luego el interior, como si hubiera penetrado un intruso, por lo que llaman a la policía. En el pasillo hay un espejo: Fred se mira en él, pero su imagen indica que no parece gustarse o más bien que no se reconoce.

Un plano nos sitúa ante la vida de los insectos y su violencia solapada, como en *Terciopelo azul*: una araña que sube por la pared y un grupo de polillas que se agitan abrasadas por a la bombilla en el interior de una lámpara. Las relaciones entre Fred y Renée no parecen ir bien. Él sospecha que ella lo engaña. Cuando la llama desde el club, no se la ve y tampoco coge ninguno de los teléfonos de la casa. De pronto, una sacudida saca a Fred de esas imágenes, como de una pesadilla: la policía lo despierta y lo detiene. Es condenado a morir en la silla eléctrica por haber asesinado a su mujer. Hasta aquí el filme parece un relato clásico lineal, más o menos inteligible, hasta que en uno de los videos que le envían a Fred anónimamente vemos que es él mismo quien ha asesinado a Renée en su alcoba. Su cuerpo descuartizado yace ensangrentando el suelo. Fred parece horrorizado.

En la celda de la cárcel donde lo encierran se produce algo extraordinario: su «transformación» dolorosa y aterradora en otra persona, un joven veinteañero desconocido, mientras él mismo se escapa de la celda —vemos una carretera— o más bien simplemente desaparece. Algo semejante, con gritos aterradores y convulsiones, ocurre en la segunda temporada de *Twin Peaks,* en el capítulo nueve, cuando Leland Palmer (Ray Wise), el padre de Laura Palmer, es poseído por el maligno Bob (Frank Silva). En *Carretera perdida*, Fred no es embrujado por una figura terrible, sino que desplaza su identidad a otro sujeto; sin embargo, el proceso se expone mediante una idea cinematográfica similar: ambos sufren extrañas convulsiones y la cámara entra en lo que parecen unas entrañas, como si la metamorfosis fuera un cuadro de Bacon en movimiento. Fred es ahora Pete (Baltazar Getty), un joven delincuente de poca monta que inexplicablemente ha aparecido en su celda sin recordar cómo llegó allí. Los guardias atribuyen esta situación a «cosas de espíritus». «Cosas del cine», diríamos nosotros, y concretamente del cine de Lynch.

El hombre misterioso

A estas alturas, penetramos en el panel central del tríptico, que algunos llaman imaginario, frente al primero, al que califican de real. Pero como ocurre en *Terciopelo azul*, antes del espacio central hay indicios de alteraciones y extrañezas que no acaban de encajar, como ruidos extraños y, sobre todo, un personaje de aspecto vampírico, el Hombre Misterioso (Robert Blake), con la cara pintada de blanco, como salido de un filme expresionista, al que no se aplican las leyes naturales del espacio y el tiempo, pues puede estar en dos lugares a la vez. Este individuo le dice a Fred que

«¿Eres tú, eres las dos?»

está con él en el bar y, al mismo tiempo, en su casa, lo cual es corroborado por una misteriosa llamada telefónica.

En esta segunda parte, panel central del tríptico como en *Terciopelo azul*, el aparentemente nuevo protagonista (Fred/Pete) va a entrar en una historia ambientada como un *thriller*, con personajes chocantes como Dick Laurent, a quien todos llaman Mr. Eddy (Robert Loggia), el gran jefe dedicado a los negocios turbios, y Renée (la misma Patricia Arquette, pero con peluca rubia), una *femme fatale* prisionera del gerifalte Mr. Eddy, como la Dorothy Vallens de Frank en *Terciopelo azul*. También hay en este segundo panel del filme ambientes, escenas, expresiones y actitudes de una maldad exagerada, situaciones grotescas que desbordan el registro y los estereotipos propios del género cinematográfico que Lynch utiliza como referencia: el cine negro. Entre ellos, se hallan la historia de seducción y amor de Pete, el joven en que se ha transformado el saxofonista, con la mujer de Mr. Eddy, quien, como el Frank de *Terciopelo azul*, es un personaje con comportamientos brutales en algunas escenas, que entremezclan terror y humor. Si el hombre del traje amarillo de *Tercipelo azul* sigue de pie estando muerto, Mr. Eddy, tras ser degollado, aún sigue conversando con Fred.

En este panel central del filme, Fred/Pete cuenta con la guía del Hombre Misterioso, una especie de demiurgo o quizá un sujeto fantástico o imaginario construido por su mente ya desde el primer panel del tríptico. El Hombre Misterioso ha dado lugar a diversas interpretaciones, aunque en realidad debe tomarse como lo que se ve, al pie de la letra, sin búsquedas interpretativas ulteriores, sobre las que probablemente Lynch ha querido bromear. Tampoco es un oráculo, como las vecinas de *Mulholland Drive* o de *Inland Empire*, que anticipe el inquietante futuro.[20] El Hombre Misterioso lleva a cabo lo que Fred desearía; a fin de cuentas, este lo ha llamado para ejecutar sus deseos: ser otro, estar en otro lugar, dominar la situación, hacer justicia, matar al malvado para salvar a la mujer atractiva y sometida, algo así como Jeffrey en *Tercipelo azul*, salvo que aquí no estamos ante una situación de carácter iniciático, sino ante una fuga a través de la transmutación en otro personaje (Pete). Tanto es así que, en un momento decisivo, cuando Pete ve una foto en la que aparecen Renée y Alice juntas, el joven dice: «¿Eres tú, eres las dos?», lo que prepara la escena en la que Alice le dice: «Nunca me tendrás», lo que lo lleva inevitablemente a volver a ser Fred ante nuestros ojos, cuando en realidad, nunca ha dejado de ser Fred y Pete a la vez, aunque hayamos sido incapaces de verlo y él de recordar que asesinó a su esposa.

---

[20] TRÍAS, Eugenio. *De cine. Aventuras y extravíos*. Barcelona: Galaxia Gutenberg, 2013.

Aunque en *Carretera perdida* se deja a un lado la temporalidad del cine clásico, el relato adquiere una unidad formal interna que solo puede haber transcurrido en una dimensión: la mental del personaje trastornado, enloquecido, que escapa al reconocimiento de su crimen. En este caso, hay quien recurre a la clave psicológica aludiendo a la llamada «fuga psicogénica»[21] o fuga disociativa, un tipo de amnesia en la que el individuo, afectado por un fuerte *shock*, «escapa» de su propia personalidad de manera repentina, sin recordar su vida pasada ni su identidad, lo que puede dar lugar a la aparición de una persona distinta; es decir, la mente se engaña a sí misma para escapar del horror. También se ha recurrido a procesos mentales como la paramnesia, una forma de *déjà vu,* disyuntiva entre sensación y percepción, en la que el sujeto tiene la inevitable sensación de haber vivido ya un momento, de ser testigo de su propia vida. Es decir, carcomido por su propio desquiciamiento, vendría a crear imaginaciones o entidades delirantes.

A nuestro juicio, tal desquiciamiento es un pretexto, una manera de construir al personaje y sus vicisitudes para crear una forma artística diferente y compleja, pues no son así ni los sueños ni las pesadillas ni los procesos mentales, sino como el autor, en este caso Lynch, ha optado por imaginarlos y crearlos, sin atenerse a convenciones psicológicas ni narrativas. Fred no recuerda las cosas tal como han sucedido —«me gusta recordar las cosas a mi manera», dice a la policía—. Sus recuerdos no coinciden necesariamente con la realidad presente o pasada y no se

[21] MASSANET, Adrián. "David Lynch, *Carretera perdida*, viaje al fondo de la mente". *Spinof* 29/07/2010. https://www.espinof.com/criticas/david-lynch-carretera-perdida-viaje-al-fondo-de-la-mente.

sabe si en realidad son solo pura imaginación. Los *flashbacks* posibles no son fiables, pues el tiempo cronológico del relato no resulta claro, coherente y mantenido, sino que estamos, tras la abolición o imposibilidad de los recuerdos, ante una simultaneidad, en una misma construcción, de dos perspectivas del interior de un sujeto disociado, que no recuerda, reconoce ni asume que ha asesinado a su mujer. Es decir, nos hallamos ante una nueva forma cinematográfica, artística y autoral, de un tema clásico, como se verá también en *Mulholland Drive*, que recurre al tópico de la mujer amnésica tras un accidente de automóvil.

La propia actriz, Patricia Arquette, entiende la película mejor que los exégetas, sin buscar claves en disciplinas ajenas al cine para explicar un enigma imposible de resolver, que solo existe desde la nostalgia del relato clásico y la búsqueda de sentido psicológico. Según ella, el saxofonista asesina a su mujer porque cree que le es infiel. Incapaz de enfrentarse al hecho, sufre una crisis en cuyo seno inventa una vida imaginaria mejor, en la que es más joven y viril, y en la que consigue arrebatar a un hombre poderoso el amor de una mujer que, al contrario de lo que parece haber hecho su esposa, no lo aparta de su lado, sino que lo ama. El problema es que también esta fantasía le sale mal, porque Fred está tan fracturado que solo es capaz de seguir huyendo.

Tampoco se reduce el filme, como proponen algunos,[22] a un rompecabezas, un *mind-game* o juego mental que el espectador debe reconstruir para encontrar el sentido. Eugenio Trías, por ejemplo, considera que, al no seguir Lynch un hilo argumental lineal, debe contemplarse el

[22] CASAS, Quim. *David Lynch*. Madrid: Cátedra, 2007, p. 321.

puzle entero para una ajustada evaluación de lo acontecido.[23] Para otros, en cambio, no se puede encontrar ese puzle porque las piezas no encajan del todo y no cabe su recomposición, funcionando las imágenes en virtud de lo que llama «intuición asociativa», un puro juego con el inconsciente.[24]

Si se examina la obra en su totalidad, se percibe que no se trata propiamente de un *flashback* infinito, pues no se construye como recuerdo de alguien. Las piezas no encajan del todo porque la tercera parte del tríptico no consiste en una vuelta al principio —esto es, un «final circular»—, pues Fred huye de la policía que lo persigue, llega a su casa y, desde fuera, a través del interfono llama y dice: «Dick Laurent está muerto». El inicio desde el interior se construye ahora desde el exterior, lo que da lugar retrospectivamente a ver de modo diferente la construcción del filme, sus partes diferenciadas y la sucesión de imágenes. No se trata de una cinta que se enrosca perpetuamente sobre sí misma, como un «anillo de Moebius», un uroboro que se devora a sí mismo, o una arquitectura imposible a la manera de M. C. Escher, como a veces se ha dicho,[25] sino que los tres paneles están en un mismo plano, sin posibilidad de una verdadera vuelta atrás para cerrarse ni para avanzar en un nivel de realidad, pues la estructura en tríptico permite no dar unidad narrativa lineal, al haberse dislocado el tiempo.

Una vez se ha hecho todo el recorrido entre la primera parte, falsamente realista, y la segunda, que sería la invención

[23] TRÍAS, Eugenio, *op. cit.*, p. 319.

[24] FERRER, Roger. *Lo siniestro como condición y límite del MRI. A propósito de David Lynch.* Tesis Doctoral. Castellón: Universitat Jaume I, 2017, p. 435.

[25] PIÑOL LLORET, Marta. "El tiempo en la obra de David Lynch", en FERRER, Roger (ed.). *Oculto David Lynch.* Ondara: Dilatando Mentes, 2022, pp. 179-207

de la culpa de Fred, no hay una alteración más que mostrar, una nueva transformación de identidad, pues la fuga, o al menos su inicio, con signos extraños que la preceden, ya se da desde el comienzo, y posteriormente mediante agitaciones, dolores y sufrimiento, al conectar en la mente de Fred lo anterior con lo posterior y viceversa. El cambio es simplemente la transformación de una identidad en otra, su desplazamiento, lo que marca el comienzo de la parte central del tríptico. Las alteraciones mentales se dan ya desde el inicio del filme, pero no podemos saberlo hasta el final. Tampoco cabe, como en *Tercipelo azul* y *Corazón salvaje*, la vuelta a un mundo idílico y la construcción de un final feliz, puesto que el protagonista no ha resuelto su problema fundamental —la posesión y los celos homicidas—, ni puede escapar de sí mismo. Su problema persiste y solo cabe la fuga, huir de la memoria, seguir la carretera perdida.

El final es el principio de una nueva fuga y trasformación, de conversión otra vez en otro, que se produce escapando en la carretera, con el rostro agitándose en un terrible grito deformado. Volvemos a las rayas amarillas de la calzada con la canción de Bowie *I'm Deranged*, que ahora podemos entender, al igual que los demás elementos de la primera parte del tríptico, como Fred saliendo de la oscuridad, el sueño de Fred en el que Renée le llamaba y él no podía encontrarla o como cuando, al acabar su relato, tiene una visión fugaz de ella en su cama con otro rostro, un rostro de hombre. Así vamos de la carretera perdida, como espacio físico real en el desierto de California que da lugar al título de la película, a la «pérdida en la carretera», al extravío que se menciona en *Gente nocturna*, libro de su amigo y colaborador Barry Gifford.

Mulholland Drive fue concebida como episodio piloto de una serie televisiva. Al no llevarse a cabo el proyecto, Lynch añadió en 1999 una segunda parte y lo convirtió en un largometraje, lo que ha condicionado la propia estructura del filme, pues la ampliación parece más bien un resumen discontinuo de la serie que no llegó a realizarse. La obra, producida por Alain Sarde, fue bien acogida por la crítica y en 2001 recibió el Prix de la *mise en scène* en Cannes.

La estructura de temporalidad paradójica o abolida —pues, como en *Carretera perdida*, no es fácil distinguir en ella pasado, presente y futuro— continúa en *Mulholland Drive*, salvo que esta no forma un tríptico, sino dos partes que

El baile de las sombras

no llegan a encajar entre sí. Ya de entrada, el propio título significa dos lugares a la vez: el nombre de una carretera de montaña al norte de Los Ángeles, que serpentea por las colinas que dominan la ciudad y desde donde se tiene una vista fantástica por la noche, y también una arteria de Los Ángeles no muy alejada de Sunset Boulevard.

La película *Mulholland Drive* (2001) comienza mostrando en una entradilla a tres parejas de baile con sus siluetas duplicadas en sombras que parecen girar en círculos, bailando *jitterbug*, modalidad acrobática del *swing* popular en Estados Unidos durante los años treinta y los cuarenta. Este episodio de baile solo se entiende cabalmente como clave cuando ya se ha visto el filme. Guarda semejanzas importantes con las variaciones musicales que sirven de inspiración a Lynch para *Carretera perdida*, salvo que aquí se trataría de conmutaciones en el mismo plano del *swing* con parejas duplicadas, unas en la luz y otras en sombras. En sobreimpresión aparecen en primer término el rostro extático y triunfante de una joven rubia y una pareja de ancianos joviales, cuya identidad ignoramos por el momento y que solo volverán a aparecer, aterradores y grotescos, al final. Tras esta secuencia preliminar, vemos un interior con una cama de sábanas y almohada rojas que no está ocupada por nadie, pero sugiere sueño o ensoñación.

Los personajes centrales del filme serán dos mujeres: la rubia Betty (Naomi Watts), una joven normal y provinciana, encantada por hallarse en Los Ángeles como aspirante a actriz, y la morena Rita/Camilla (Laura Elena Harring), pasiva, bellísima, novelesca y misteriosa.[26] Camilla aparece viajando por la noche en el asiento trasero de un coche que, de pronto, se detiene. Ella se inquieta y el conductor le apunta con una pistola y la obliga a bajar, pero antes otros dos vehículos con jóvenes borrachos y alocados

[26] CHION, Michel, *op. cit.*

chocan con ellos. Se produce un aparatoso accidente que cubre la pantalla con una cortina de humo y fuego. La mujer logra salir, dando tumbos por el bosque, y llega a las calles de Los Ángeles. No sabe su propio nombre, ni dónde vive, ni quién es. Ha perdido la memoria y, durante largo rato, duerme o pierde la conciencia escondida en la vegetación de unos jardines hasta hallar refugio en un apartamento vacío, donde se ducha y continúa durmiendo —dormirá durante gran parte del comienzo del filme, sin que sepamos si soñará o estará conmocionada por el golpe del accidente—.

Dos mitades de un espejo

La rubia Betty llega desde Ontario a Los Ángeles y se despide de una pareja de ancianos con los que ha trabado amistad en el viaje. Llega a la casa en la que hemos visto entrar a la mujer morena y la encuentra duchándose en la habitación que le han asignado a ella. Ignoramos el nombre de la morena. Lo sabremos más tarde, pero en esos momentos de amnesia, cuando todavía no recuerda lo sucedido ni quién es ella misma, opta por utilizar el nombre de Rita, al ver un cartel de *Gilda* (1946, Charles Vidor). Betty se propone ayudarla a recuperar su verdadera identidad. En su bolso encuentran gran cantidad de dinero y una llave azul. Ambas se hacen amigas y mantienen relaciones sexuales en la primera y más larga parte de la película, antes de que esta dé un giro decisivo hacia otra historia u otra versión de la misma.

Alternando con la investigación que llevan a cabo ambas mujeres para tratar de averiguar quién es la amnésica Rita, el filme se introduce en la parte oscura del mundo de Hollywood, en el que un joven realizador, Adam Kesher (Justin Theroux), rehúsa someterse a las presiones de unos mafiosos para que contrate a una tal Camilla Rhodes para el papel principal de su nueva película. Un misterioso ranchero (Monty Montgomery) vestido como un *cowboy* de fantasía le hace comprender mediante frases lapidarias —y hay quien dice que con fuerte sabor a filosofía oriental vedántica— que debe someterse y contratar a la chica que le han indicado sus sicarios. Mientras tanto, la rubia Betty ensaya en el apartamento con la amnésica Rita «su» escena para un *casting* al que está a punto de acudir: el enfrentamiento dramático de una mujer con un viejo amante. La joven se mete tanto en el papel que resulta casi real y lo mismo sucederá en su audición ante una galería de profesionales, cuando interprete su texto con un notable y acentuado erotismo que presagia el éxito.

A medida que la trama avanza, se va complicando hasta llegar al límite en la escena del Club Silencio, un lugar imaginario sin espacio ni tiempo,[27] al que acuden en plena noche por iniciativa de Rita, que parece haber comenzado a recordar detalles de su situación. El local está semivacío y las canciones, todas interpretadas en *play back*, son presentadas por un diabólico maestro de ceremonias. Las dos amigas lloran al oír cantar a Rebekha Del Rio, la Llorona de los Ángeles, la canción *Crying* de Roy Orbison. Tras concluir su actuación, la cantante se desmaya. Después de la escena del Club Silencio, Betty desaparece[28] y, seguidamente, lo hace Rita tras llamar y buscar a su amiga sin recibir señales de ella. Han desaparecido a través de la caja que abre la llave azul, y la película da un giro. Volveremos a ver a Naomi Watts, pero ya no encarna a Betty, sino a Diane Selwyn, una camarera que vive sola, abandonada por su compañera de habitación y prematuramente ajada, que se masturba y alucina a veces con la presencia en el sofá de una joven morena desnuda, la Rita de antes, novia ahora de Adam Kesher.

En la segunda parte del filme, el director Kesher está emparejado con Camilla Rhodes, a quien ha contratado a instancias de la mafia. Una tarde, Diane Selwyn, la antigua Betty, recibe una invitación de Camila/Rita a una fiesta. En una villa fastuosa se celebra una fiesta: Adam Kesher anuncia su compromiso con Camila ante los ojos asombrados de Betty/Diane. Esta, desesperada por la traición de su amiga morena, pide a un sicario que la asesine. Ha caído en la locura ¿o estaba en ella desde el principio de sus sueños? En su casa es perseguida por grotescas alucinaciones: la pareja de jubilados del comienzo del filme,

---

[27] FERRER, Marcos, *op. cit.*, p. 474.
[28] Ibídem, p. 478.

que se mostraron amables con ella, se han convertido en diminutos monstruos que crecen y la acechan. Betty se dispara un tiro en la cabeza. En el Club Silencio una mujer con pelo azul, que habíamos visto que asistía al número de *playback* desde un palco privado, vuelve a decir la que será la última palabra de la película: «Silencio».

La segunda parte del díptico, más corta que el supuesto piloto, pero jugando con los mismos actores y actrices con los papeles cambiados, se encamina hacia la construcción de unos personajes diferentes o tergiversados en el espacio y el tiempo, lo que parecería indicar que la primera parte ha sido una representación o una ilusión, como dice el Maestro de ceremonias de la escena del Club Silencio. Es decir, una posible proyección de lo que a Betty le gustaría haber sido: una actriz destacada en Hollywood, pareja del director de moda del momento, o bien que la propia Rita/Camila, la morena amnésica ha empezado a recordar quién es y qué le ha sucedido. En la segunda parte, apenas la reconocemos salvo por su atractivo físico. Incluso cabría pensar que estamos ante la deconstrucción de un *thriller*, que desaparece como género y deja solo fragmentos difíciles de entender, un vacío simbólico, una búsqueda inútil de causas, identidad y memoria.[29]

Desde el inicio del filme hasta la escena del Club Silencio podríamos estar asistiendo a un sueño, es decir, a relatos fragmentarios de un mundo ilusorio, pero es más bien una construcción autoral. Las dos partes se parecen, pero no son iguales. En la segunda penetramos en cierta versión del complejo mundo de Hollywood, intervenido y controlado por los *gangsters*, el crimen y la traición. Betty/

[29] FERRER, Marcos, *op. cit.*, p. 462.

Diane es una actriz mediocre, que no consiguió el papel que deseaba, pero que gracias a Camilla obtiene papeles secundarios. Es envidiosa y está celosa, resentida y dolida porque ha sido abandonada por Camilla, que además va a casarse con el director de la película, Adam Kesher. Como venganza, Betty/Diane paga a un sicario para que se encargue de eliminarla, lo que parece rimar con la escena inicial del accidente de coche o, al menos, esa es la ilusión que construye el espectador, pues los sicarios del principio no son los del final. El filme, por tanto, no se cierra como se abre en relación con cada una de las dos mujeres ni de las dos partes.

Los últimos días de Betty/Diane —en lo sucesivo Diane— en su casa, que podemos ver en la última media hora de película, son oscuros y están llenos de *flashbacks*, que enlazan con momentos y situaciones que pueden ser recuerdos o meras ilusiones o confusión en la propia mente de la joven, como si volviéramos a la primera parte, hacia atrás. Hay acontecimientos que se repiten pero de modo distinto. El sicario contratado por Diane ha cumplido su encargo y ha dejado sobre la mesa la prueba (la llave azul) de que Rita ha muerto. Alguien llama a la puerta de Diane y aparecen dos ancianos diminutos procedentes del comienzo de la película, que vuelven a su altura normal y aterrorizan de un modo grotesco a la chica, que finalmente se suicida.

La primera parte de esta película de Lynch se ha interpretado como una serie de fragmentos de la psique trastornada de Diane —«locura» dice Chion[30]—. Las apariciones y aportaciones de enlaces, extrañezas y construcciones responderían a la visión de una Diane consciente, pero desquiciada, o a

[30] CHION, Michel, *op. cit.*

retazos parciales de Betty, desdoblada como en *Carretera perdida*. A lo largo del filme, la mente perturbada de Diane traslada elementos de la realidad a su pesadilla. Pero la película no responde a categorías psicológicas o psicoanalíticas, sino a construcciones fílmicas, como en *Carretera perdida*, por lo cual hay piezas que no encajan. Son un mero enlace entre las dos partes del filme, para marcar que están relacionadas, como repetición, pero con variaciones.

Cabría también la posibilidad de que el trastorno no lo tuviera la rubia Betty, sino Camilla, la mujer morena, tras haber sufrido el intento de asesinato del comienzo y haber perdido la memoria. Los recuerdos, que surgirían en la segunda parte mostrarían lo verdaderamente ocurrido, de manera que este fragmento de la película podría consistir en la recuperación de memoria por Camilla cuando se da cuenta de que todo lo anterior es ficción, pues es ella quien propone a Betty ir al local El Silencio, donde se refuerza ese tránsito a otra realidad. Rita se da cuenta de ello y, a partir de entonces, ya no mantiene la misma relación con Betty. Todo lo que hemos visto en la primera parte era equivocado y alterado por su pérdida de memoria, que va recordando fragmentos de sí misma y de la historia que ha vivido antes de su accidente. Como parece percibirse en la segunda parte, ella sería la buena amiga, la que ayuda a Betty a que la contraten en algunos papeles, pero acaba por darse cuenta de quién es realmente Betty, de su envidia, de su resentimiento y hasta del deseo de que muera.

Al final, como dice la mujer con el cabello azul: «Silencio», todo es representación. No se trata de una historia realista, sino contada desde cada una de las mujeres y cada una desde diverso ángulo, sin que una cuadre con la otra, sin que ambas partes tengan que unirse o complementarse como en el cine clásico. Incluso cabría pensar que Lynch ha retomado y complicado todavía más si cabe su admirada película *El crepúsculo de los dioses* (*Sunset Blvd.*, 1950, Billy Wilder): las dos mujeres están muertas y la historia estaría construida por las dos a la vez, lo que deja abierta la interpretación sin que se pueda llegar a una conclusión clara y única. *Mulholland Drive* no es una construcción de género —historias negras de Hollywood—, sino dos versiones dislocadas, una figura fílmica bicéfala próxima a la abstracción,[31] como las tres parejas de bailarines del *swing* de las imágenes iniciales que aparecen duplicadas.

Estos dos filmes fusionados en uno, que en principio iba a ser una serie, se cierran como un díptico experimental fracturado. Por eso no cabe hablar de una construcción temporal lineal entre ambas partes, pues el tiempo real queda abolido y sustituido por el mero tiempo único y abstracto de la representación cinematográfica, utilizando los mismos elementos (lugares, personajes, objetos, situaciones, etc.), puestos en escena mediante fragmentos diferentes y con algunos personajes desempeñando diversos papeles y posiciones aun dentro de la misma historia. Se trata de capas que coexisten de forma no cronológica, lo que ha dado lugar a múltiples abordajes desde la filosofía y el psicoanálisis, como si este fuera el propósito del filme. Pero estamos más bien ante una obra de arte experimental y abstracta en la evolución creativa de Lynch, que retoma formas cinematográficas y pictóricas de su primera época para así dar cuenta, de manera más novedosa, de otros temas. Esto siempre ha caracterizado a la vanguardia

[31] FERRER, Marcos, *op. cit.*, p. 462.

artística y también a la cinematográfica, aun cuando esta sea predominantemente figurativa y no acuda al puro geometrismo y a la abstracción matérica o expresionista, pues todavía se mantiene en un mundo representativo, ya sea para jugar con él, recomponerlo o destruirlo.

Inland Empire

Inland Empire (2006) va un paso más allá y se sitúa de manera libérrima en la línea de construcción autónoma y fragmentaria, experimental y abstracta de la *Trilogía de los Ángeles*. Se trata de una obra más estética que narrativa. A ello se añade la utilización de la imagen digital, que parece dar mayor libertad constructiva, permite el abandono de planos más convencionales y un sofisticado uso de las texturas de imagen, con un granulado que varía según la luz. El sistema digital facilita la creación de una atmósfera irreal y una nueva manera de trabajar los escenarios, una fluidez constante de la cámara y un montaje fácil, gracias a las prestaciones del soporte, más versátil que el formato cinematográfico.

Inland Empire es una región del sureste de California; pero el título también puede referirse a «Imperio Interior» o a un espacio interior, mental, como veremos en el filme. Este consta de una especie de prólogo, tres partes interconectadas y un final con los títulos de crédito. Su banda sonora no está compuesta esta vez por Badalamenti, sino por varias piezas de Krzysztof Penderecki.

Inland Empire empieza con dos secuencias incomprensibles en ese momento y que se retoman al final. Sobre la imagen de apertura, la aguja de un tocadiscos sobre un disco de vinilo en blanco y negro, se oye la voz en *off* de un locutor que dice lo siguiente: «Axxon N, el serial radiofónico más largo de la historia. Esta noche, siguiendo en las regiones bálticas, *Un día gris de invierno en un viejo hotel.*» A través de una serie de fundidos o sobreimpresiones pasamos a la siguiente secuencia, también en blanco y negro, que describe el encuentro de una pareja. Sus cabezas están desdibujadas, emborronadas por una mancha digital, de manera que no vemos sus rostros. Los dos hablan en polaco y, al parecer, se dirigen a su habitación habitual. Una vez dentro, él le pide que se desnude y ella obedece. Mientras la pareja inicia una relación sexual, la mujer confiesa tener miedo. Luego vemos a una joven (Karolina Gruszka) ante un televisor que, por el momento, solo reproduce un efecto de nieve catódica. La cámara nos introduce en la *sitcom* de la web de Lynch *Rabbits* (2002), realizada con figuras humanas disfrazadas de conejos (un hombre y dos mujeres) y con risas enlatadas. Se intercalan planos de la muchacha llorando mientras se oye una delicada canción, *Polish Poem*, interpretada por Chrysta Bell.

Tras este prólogo se inicia una larga secuencia con la visita de una pitonisa —interpretada por Grace Zabriskie, sobreactuada, con aires de loca y con acento del Este— la barroca casa palaciega de Hollywood de la actriz Nikki Grace (Laura Dern). La vidente, según dice, suele tener fallos de memoria, como si retomara el tema de la amnesia de anteriores filmes de Lynch.[32] Es vecina de Nikki, a quien vaticina que le darán el papel principal de una película, le anticipa algo que aparecerá más tarde, una deuda, y

[32] THIELLEMENT, P., *op. cit.*, p. 208.

le advierte de que las acciones tienen consecuencias, sin especificar más.

Nikki y las prostitutas

Comienza el rodaje del filme anunciado por la vidente, titulado *Flotando en mañanas tristes* (*On High in Blue Tomorrows*). Este es el *remake* de un filme alemán que quedó inconcluso, titulado *4 7* (*Vier Sieben*), basado en un cuento folclórico polaco sobre una maldición gitana. Hasta aquí hay un cierto orden cronológico, al menos aparente. Esta primera parte llega hasta que Nikki se ve frente a sí misma en la escena de preparación del rodaje. Se percata de que las palabras que está pronunciando durante una escena del filme son suyas, y no del personaje —o son de ambas—. A medida que avanza la historia, se difumina la línea entre la identidad de Nikki y la de su personaje, llamado Sue Blue, protagonista de la película que está dirigiendo Kingsley (Jeremy Irons). Sue Blue es una mujer casada enamorada de un hombre casado, Billy (Devon Berk), y que siente un fuerte complejo de culpa de mujer infiel. Nikki mezcla sus sentimientos con el tema de la prostitución y se encuentra de repente en un cuarto lleno de prostitutas, como si fuera una de ellas. Su experiencia en el rodaje parece entrar en conflicto con su vida actual y ambas realidades comienzan a fusionarse en la de una mujer gravemente perturbada, que, al asumir el papel de otra, va haciendo suyos sus problemas afectivos. . Actriz y personaje se convierten en una sola entidad confusamente entremezclada.

Esta segunda parte abarca hasta la muerte de Sue a manos de Julia (Julia Ormond), la esposa de Billy, que la persigue por las calles de Los Ángeles hasta matarla clavándole un destornillador en el vientre en una tremenda escena de agonía callejera, en la que intervienen unos mendigos sin hogar que parlotean por encima de la mujer moribunda como si no pasara nada. El «¡Corten!» del director le pone fin: resulta ser una toma y no una realidad. La última parte se extiende desde ese momento hasta el final, en que ella vuelve a ser Nikki, la primera actriz, y no muere, sino que asiste al estreno de la película de Kingsley con un número musical.

Después de que Julia le clave el destornillador a Nikki/Sue, el filme parece cerrarse volviendo al punto de partida, a una cierta linealidad clásica. La cámara hace un *travelling* hacia atrás, se va alejando y la palabra «corten» parece sacarnos de ese mundo, mostrando su carácter ficticio. Lynch nos hace creer que estamos saliendo de la pesadilla del interior de la mente de Nikki, pero no por eso acaba el filme dentro el filme con sus numerosas capas, piezas o fragmentos, sino que sigue en una tercera parte, como al final de *Carretera perdida*.

Nikki continúa siendo Sue y sigue dentro del mundo de la historia representada en la parte central, como si no pudiera o no quisiera salir de ella, o como si tuviera pendiente algo muy importante. En efecto va adentrándose lentamente en los escenarios grises del filme de Kingsley, donde, curiosamente, encontrará los elementos y personajes gitanos del filme alemán, lo que enlaza y se cierra sobre una de las dos escenas iniciales, la de la joven atrapada en una habitación, viendo por televisión el programa de los conejos humanos, a la espera ser liberada de su cautiverio. Nikki, tras haber atravesado previamente la misteriosa puerta 47 —en referencia al título de la película alemana, *4 7*—, libera a Karolina Gruzska, quien, exultante, puede reunirse con su marido e hijo tras su extraño cautiverio. *Inland Empire* finaliza con un espectacular plano secuencia de mujeres bailando en el escenario del teatro a los sones de la canción *Sinner Man* de Nina Simone.

Al adoptar el punto de vista de Nikki/Sue, un buceo al interior se apodera de la obra. No es que se vea que la joven sufre un trastorno psicológico o una psicosis como en *Carretera perdida*, aunque a veces se ha considerado como un filme de juego mental (*mind-game film*),[33] sino que se parte del tema clásico del personaje atrapado en el papel que interpreta; sin embargo, aquí se trata de la pura representación de otra representación, lo cual afecta a lo temporal y a lo espacial, con repeticiones, bucles y

[33] ELSAESSER, Thomas. "Los actos tienen consecuencias. Lógicas del *mind-game film* en la trilogía de Los Ángeles de David Lynch". *L'Atalante* n.º 15, 2013, pp. 7-18.

desdoblamientos, saltando de unos lugares a otros no conectados de manera clásica, y mezclando dos relatos o fragmentos dentro del filme que se está rodando, que a su vez conecta con la película alemana inconclusa, donde los personajes pasan de una identidad a otra, de un filme a otro. Incluso se teme que siga la maldición gitana sobre la muerte de los actores que afectó al filme alemán y que ahora podría reproducirse.

Algunos analistas sostienen que, a diferencia de lo visto en los dos anteriores filmes de la trilogía, que son relatos relativamente narrables, *Inland Empire* apenas lo es. Lenguaje, escenas, símbolos y motivos se repiten, si bien con variaciones que se multiplican, que llenan el espacio al interrelacionarse, buscando todas las combinaciones posibles y que, sin embargo, cada vez significan menos fuera de su propia textura o lenguaje. El filme resulta muy difícil para el espectador, que no puede identificarse con los personajes ni construir este relato en un primer visionado, más allá de las líneas generales que hemos señalado. Solo tras ver varias veces el filme se atisban temas y relaciones entre sí como el adulterio y la prostitución, si acaso el trastorno mental o la psicosis y un dudoso *happy end*, pero ello desde el interior de la obra, y de sus tres historias internas fragmentadas, sin confrontación posible con lo que podríamos llamar el mundo real externo.

En cualquier caso, *Inland Empire* no nos parece un filme laberíntico por sí mismo, ni que Lynch intente dejarlo abierto a múltiples interpretaciones. No es necesario especular e intentar cuadrar el círculo. Su composición es de tal nivel de complejidad y abstracción que se queda en la mera construcción formal de una obra de carácter más estético que narrativo, más imaginativo que lógico. De ahí la imposibilidad o dificultad de traducirlo a otra cosa, ni a un relato o argumento,[34] que vaya más allá de lo que se ve y se oye, de la pura imagen y su sonido.

En el cine de vanguardia figurativa todo es imagen, no tiene sentido plantearse la diferencia entre ficción y realidad, pues crea una realidad propia que no existe fuera de ella. En su mostración y construcción como pura imagen mediante encuadres, *raccords*, movimientos de cámara o saltos espacio-temporales, sentimos un extrañamiento[35] al estar acostumbrados al carácter lineal del relato convencional más que al cine experimental abstracto. Por eso Lynch rehúsa explicar y dar las claves de sus obras, que carecen de ellas en el sentido clásico. Son los críticos y los espectadores quienes, desorientados y perdidos, se empeñan en encontrarlas y construir una lógica y un hilo narrativo, muchas veces apoyándose en otras disciplinas e incurriendo en excesos interpretativos, para volver a tener un control sobre la obra y su significado, que es casi imposible de conseguir, porque nos hallamos en un modo de representación distinto al comercial.

Es inútil el esfuerzo de dar unidad y cohesión a esta hipnótica experiencia audiovisual, a este experimento vanguardista de cine abstracto.[36] El propio Lynch dice que cuanto más abstracto sea, más reacciones distintas habrá, refiriéndose probablemente a emociones, no a interpretaciones.

---

[34] CABRERA, J. "Para una des-comprensión filosófica del cine: el caso *Inland Empire* de David Lynch". *Revista Venezolana de Información, Tecnología y Conocimiento*, año 6, n.º 2, 2009, pp. 111-127.

[35] DUFOUR, E., *op. cit.*, pp. 114-116.

[36] QUINTANA, A., "Hacia la abstracción", *Cahiers du Cinema España* n.º 2, junio 2007, pp. 48-49.

8

Twin Peaks. Muerte y resurrección de Laura Palmer

Twin Peaks fue un acontecimiento en el mundo de las series televisivas a principios de los noventa. Creada por David Lynch y Mark Frost, consta de ocho capítulos en la primera temporada (1990), veintidós en la segunda (1991) y dieciocho en la tercera (2017). Y como faltaba el punto de vista de Laura Palmer (Sheryl Lee), la joven asesinada que pone en marcha este *thriller* en un pueblo maderero cerca de la frontera canadiense, Lynch la complementó con un filme autónomo, *Twin Peaks: Fuego camina conmigo* (*Twin Peaks: Fire Walk with Me*, 1992), que narra los siete días anteriores a su muerte. A lo largo de la serie, la protagonista está siempre presente —como foto de reina de la fiesta, como mención en las conversaciones, como presenciales en la Habitación Roja o a través de una persona sustituta, su prima Madeleine (Sheryl Lee)—.

En un formato como el de este libro es imposible un análisis pormenorizado del enorme conjunto que constituye *Twin Peaks*, sobre todo de la serie, por lo que solo trazaremos algunas líneas a modo de introducción.

En *Fuego camina conmigo*, escrito por David Lynch y Robert Engels, Laura Palmer es un personaje complejo, atrevido y aterrorizado, asediado por pesadillas, perdida en un mundo donde triunfa perversamente su encanto. Lleva una doble vida. Bajo la apariencia de chica normal de diecisiete años, la más popular y querida, entregada a causas caritativas y buena estudiante, está esclavizada por su adicción a las drogas y al sexo promiscuo con gente brutal e indeseable. A medida que avanza la película, la joven va perdiendo frescura y es presa de una desesperación que acaba en un final anunciado. Irá convirtiéndose en una desdichada, cuyas características ya conocíamos por la serie, pero en las que el filme profundiza sin ofrecer hechos nuevos ni una investigación a fondo sobre el personaje.

El alma de Laura

No obstante, afloran en este texto aportaciones premonitorias muy interesantes, como el hecho de que una vieja y un niño enmascarado regalen a Laura un cuadro que representa una habitación empapelada con un feo diseño de flores. Durante una larga secuencia nocturna en su alcoba, la joven duerme y despierta varias veces y, sobre todo, sueña. En una de sus aventuras oníricas penetra en el cuadro colgado en la pared, lo recorre y por indicación de la vieja entrevé la misteriosa Habitación Roja, situada entre dos mundos. En otra pared de su cuarto, un pequeño cuadro *naïf* muestra a unos niños atendidos por un angelito. Laura parpadea y el ángel desaparece, como presagio de la pérdida del alma o de la muerte cercana. En la última escena del filme, la vemos en la Habitación Roja, convertida en una hermosa y ya no tan joven mujer, elegante y acicalada. La acompaña el agente Cooper, también de punta en blanco. En el ámbito vuela un ángel vestido de raso y encaje blanco, que tal vez representa el alma de Laura, encerrada con su guardián, Cooper (Kyle MacLachlan), en una estancia de ubicación ambigua, un no-lugar ilusorio donde ambos ríen, quizá porque no siendo contemporáneos han llegado juntos a algún sitio. Acompaña su vuelo o flotación mística el *Réquiem* de Luigi Cherubini.

El hecho de ser protagonizado por una difunta fue el principal problema del filme. «Estoy muerta hace mucho. Como un pavo en Navidad» —dice Laura a su amigo James (James Marshall)—, y "estoy muerta, pero aun vivo", algo que repetirá en el segundo episodio de la tercera temporada. Lynch quería recuperarla como personaje, ya que en la serie se concedía poca atención a su persona, a pesar de que su muerte sea el motor de la historia y su pálido rostro meduseo envuelto en plásticos, el emblema de la serie, que la había hecho ser conocida en todo el mundo. Con la decisión de "rescatar" sus últimos días, Lynch se arriesgó a narrar una fábula cuyo final era conocido desde la segunda temporada, lo que valió una dura división de opiniones de la crítica y la decepción de parte del público, que la tachó de oportunista.

En 2017, veinticinco años después, cumpliendo la promesa que Laura hizo a Cooper en la Habitación Roja en el último episodio de la segunda temporada, la serie vuelve con el sobrenombre de *El retorno.* Muchos de sus personajes anteriores son rescatados, deteriorados por la edad y sobrellevando nuevos problemas, y otros se incorporan a esta temporada, la más heterogénea y metafórica del conjunto de la obra.

Las dos primeras temporadas tienen la unidad propia y la coherencia de la serialidad clásica, que pivota sobre el eje central de un *thriller* y de la vida de un pueblo, con sus diferentes espacios y personajes, amores juveniles, infidelidades y negocios ilegales, que ha sido trastocada por el asesinato de Laura. Ya desde el inicio se observa, como en *Terciopelo azul*, la cara oculta de la próspera comunidad de Twin Peaks tras su apariencia idílica y tranquila, rodada en Technicolor DeLuxe, de iluminación brillante, con bellos paisajes de montaña, bosques espléndidos y un pueblo maderero con serrería, un gran hotel y decoración y mobiliario de maderas nobles de labor étnica. Como en *Terciopelo azul,* de vez en cuando pasan tráileres cargados con enormes troncos que enriquecen el espacio de los exteriores al cruzarlo, de modo que casi se percibe su fresco aroma. También hay bellas mujeres, hombres violentos y maltratadores, aunque otros, en ciertos momentos, lloran a sus amadas muertas o perdidas, como Andy (Harry Goaz), el ayudante del *sheriff* al hallar el cadáver de Laura o el propio *sheriff* Truman (Michael Ontkean) cuando se despide de su amada Jocelyn (Joan Chen). Asistimos a diversas fiestas y costumbres como las competiciones para el concurso de Miss Twin Peaks, donde se ofrece una representación al estilo de Broadway, o una danza con contorsiones siguiendo música de *jazz*.

La aparente serenidad y seguridad de las dos primeras temporadas viene subrayada y marcada por la música de Angelo Badalamenti, que crea un entorno protector, como en el inicio de *Terciopelo azul*, primero al son de ritmos sobre el ballet mecánico y la fuerza de la naturaleza de los títulos de crédito y, luego, con un discurrir jazzístico y romántico, tranquilo, aunque a veces alterado por el desarrollo de los acontecimientos, que va a permanecer invariable. Su ausencia en la tercera temporada, salvo en los títulos de crédito, donde se mantiene, se percibe como una imposibilidad de volver al mundo de hace veinticinco años,[37] y por eso predomina el silencio, apenas compensado por el retorno nostálgico de algunas canciones y por las actuaciones musicales que dan tono a los episodios y que normalmente suelen cerrarlos, aunque a veces se sitúen en otros momentos. Las canciones bellas, románticas y tristes o celestiales, como las de Julee Cruise o *Shadow* de los The Cromatics colorean los episodios.

En conjunto, la serie tiene como fundamento la intriga y la investigación, llevadas a cabo por varias vías. La principal es la policiaca del agente Dale Cooper y el *sheriff* Truman, ayudados por Margaret (Jane Jones), la Dama del Leño, que tiene hilo directo en la tercera temporada con el ayudante nativo Hawk (Michael Horse), a quien transmite ciertas profecías y presagios, al final más poéticas que proféticas, reveladas por el tronco. La segunda investigación es la que llevan a cabo los jóvenes amigos de

---

[37] THIELLEMENT, P., *op. cit.*, pp. 167-168.

La Dama del Leño

Laura Palmer, especialmente James Hurley, Dona Hayward (Lara Flyn Boyle) y su prima Madeleine. Ambas tramas se van trenzando con diversos acontecimientos de la localidad y, en la tercera temporada, con lugares lejanos. El agente Cooper, del FBI, viene de Filadelfia con el forense Albert Rosenfield (Miguel Ferrer), que funciona como su contrapunto, hosco y realista. El propio David Lynch juega el papel de director del FBI, con cierto matiz cómico.

Dale Cooper es un joven apuesto, atildado, de temperamento encantador y amable. Parece haber adquirido una visión multicultural del mundo, más allá de los métodos de investigación habituales de su profesión. A veces recurre a otros, cómicos o extravagantes, ya sean trucos mágicos tibetanos, palabras formadas con las letras insertadas bajo las uñas de las mujeres asesinadas, o bien a sus propios sueños, como cuando Laura Palmer le besa y le dice al oído en la Habitación Roja quién fue su asesino, o en el que el Bombero (Carel Struycken) le comunica tres acertijos para llevar adelante sus pesquisas. Se comunica a través de un dictáfono con Diane, una Alexa *avant la lettre*, a la que da instrucciones, datos, o encargos, pero a quien también utiliza como confidente de reflexiones o sensaciones, aunque sea una mera registradora sin capacidad de respuesta. Diane se encarna en Laura Dern en la tercera temporada como *tulpa* y, en los dos últimos capítulos, aparecerá convertida malignamente en la *tulpa* Naido, carente de ojos.

En el capítulo nueve de la segunda temporada se da una respuesta a la constante pregunta de todos los espectadores que seguíamos la serie y que en una ocasión le hizo el director de la Filmoteca Valenciana al propio Lynch, estando presente yo misma: «Pero, vamos a ver, mi pregunta es: ¿Quién mató a Laura Plamer?» La respuesta que se vio obligado a dar Lynch a productores y público ante aquella avalancha de curiosidad afectó de manera tremenda al relato y llevó a que, a partir del episodio diez de la segunda temporada, la serie se marchitara, como las que ven en sus televisores los propios protagonistas, una de ellas titulada irónicamente *Invitación al amor*.

Tras la resolución del caso de la muerte de Laura Palmer a manos de Bob/Leland, Cooper se despide de todos los lugareños, y dice que siempre recordará y echará de menos ese maravilloso pueblo; pero lo que parecía un final se convierte en una serie diferente, como si diera comienzo una temporada nueva. Lo mismo ocurrió después en *Fuego: camina conmigo*, que, para seguir con la idea de género policial como marco, empieza, a modo de prólogo, un año antes, cuando se halla flotando en el río Wind, envuelto en plástico blanco, el cadáver de una joven de edad y apariencia semejantes a las de Laura, llamada

Teresa Banks (Pamela Gidley). Los policías que llevan el caso desaparecen de pronto sin dejar rastro. La muerte de Teresa Banks queda en un absoluto misterio sin explicación hasta más adelante, como le gusta hacer a David Lynch. *Fuego: camina conmigo* es un filme muy querido y valorado por Lynch y así lo muestra en la tercera temporada de *Twin Peaks* con la repetición de las escenas en blanco y negro de Laura Palmer en la noche de su muerte.

Tras el desvelamiento de la muerte de Laura Palmer, la serie se vio obligada a seguir algunas líneas que ya no eran la central. Hubo que retomar personajes malignos de los capítulos anteriores, como el siniestro Bob, sus secuaces y los caídos en la Logia Negra, y volver a poner en marcha el dispositivo simbólico de la Habitación Roja, lugar emblemático de las tres temporadas. Asimismo, la serie tuvo que inventar una nueva investigación, relacionada primero con las desapariciones/apariciones misteriosas y cósmicas del mayor Garland Briggs (Don S. Davis), perteneciente al ejército del aire, y otra en relación con un viejo conocido de Cooper y del FBI, Windom Earle (Kenneth Welsh), con quien Cooper había tenido un grave conflicto por motivos amorosos. Con la aparición de este personaje, frío y duro, comienza una especie de partida de ajedrez con Cooper con diversos movimientos, que a veces se representan de manera sorprendente con piezas de ajedrez gigantescas, como en los episodios veinte y veintiuno, desde luego mucho más interesantes que los mapas, planos extraños, figuras esotéricas, símbolos, jeroglíficos, mensajes, páginas arrancadas del diario de Laura Palmer y otras distracciones ocultas en lugares insospechados, que mantienen el interés del espectador de la serie sin aportar mucho más, a despecho de los críticos y exégetas de distintas disciplinas.

La enrevesada evolución de las temporadas de la serie, sin embargo, no afectó al *sheriff* de Twin Peaks ni a las torpezas de su ayudante Andy, un *alter ego* de Stan Laurel, ni a los personajes del pueblo, que seguían con sus vidas, aunque se introdujeron cambios importantes, sobre todo nuevas relaciones amorosas entre viejos y jovencitas y entre chicos jóvenes y mujeres maduras. Salvo en esos casos, tras el capítulo nueve de la segunda temporada, ya no es posible volver al Twin Peaks de los líos amorosos, ni siquiera al del *sheriff* Truman con Jocelyn, la china de la serrería, ni al potentado Ben Horne (Richard Beymer) con sus negocios internacionales, que se trastorna y se cree el general Lee. En la segunda temporada, el tráfico de drogas y las chicas de alterne del local de Jack el Tuerto continúan. El brutal camionero y camello Leo (Eric DaRe), inválido en casa, recupera sus facultades en una escena impactante, de puro género del cine de payasos terroríficos, y después huye al bosque para pasar a ser un esclavo de Windom Earl. Asimismo, aparecen personajes nuevos, algunos notables, como la exmonja Annie (Heather Graham), el joven magnate Wheeler (Billy Zane); Dennis/Denisse (David Duchovny), agente transexual del FBI; el cómplice de Jocelyn de Hong Kong y el nuevo marido mafioso de la madre de Norma. Otros desaparecen, como Leland Palmer, o adoptan nuevos roles o disfraces más o menos grotescos.

El toque humorístico de Lynch está presente en muchos episodios de las dos primeras temporadas. Consigue que una misma escena resulte dramática y a la vez humorística, como el llanto del ayudante del *sheriff* ante el hallazgo del cadáver de Laura Palmer. Algo más macabro ocurre en el entierro de la joven, cuando su padre queda enganchado encima del ataúd, que sube y baja. También son cómicos o ridículos los bailes del propio Leland al son de la música de Fred Astaire y Glenn Miller, entre la compasión y rechifla del espectador. Hasta el balazo a Cooper, que se desangra en el suelo, se combina con humor al seguir con su trabajo el anciano camarero del servicio de habitaciones, que le trae un vaso de leche como si nada hubiera ocurrido, o el hecho de ser culpable de la hemorragia una garrapata más que las propias balas. Otras veces resultan hilarantes las solemnes declaraciones de algunos personajes, como cuando el irascible forense Albert, en el tercer episodio de la segunda temporada, declara que es pacifista y no partidario de la violencia sino del amor. El recurrente humor genera una distancia mediante la cual Lynch juega con sus historias y no se toma demasiado en serio las peripecias de filme de género. Al contrario, guarda las debidas distancias con las mismas por la vía del contraste, la excentricidad, el absurdo y la posición de los elementos en el plano.

La Habitación Roja que hemos mencionado más arriba es una figura central y poderosa que se identifica totalmente con la serie. Está vinculada con la Logia Negra a modo de sala de espera, cuyo acceso abre las puertas al poder sobre el mundo. Cooper encuentra su entrada mientras duerme y, más tarde, en la temporada tercera, el ayudante nativo Hawk la halla despierto en el bosque. Está habitada por personajes ya desaparecidos, imaginarios y dobles, entre ellos el Manco, el Enano (Michael J. Anderson) y Laura Palmer. Su estética resulta inconfundible y familiar, con sus baldosas de cenefa en zigzag procedentes de *Cabeza*

Conversación en la Habitación Roja

borradora, sus cortinas escarlata, sus estancias laberínticas y multiplicadas sin fin y sus obras de arte clásico (la sensual Venus de Médicis y la mutilada Venus de Milo). Es el referente principal de las tres temporadas, un no-lugar sin tiempo, sin ubicación. Aunque inicialmente aparece en la mente de Cooper, en sus sueños, no se puede reducir a un sueño,[38] es algo más: un *locus* místico. En el capítulo veintidós de la segunda temporada se localiza en los tenebrosos bosques del pueblo, con un portal de entrada y salida de nombre fantástico: «el círculo de los doce sicomoros», lugar que comunica dos mundos o dimensiones, por el que los personajes y las quimeras transitan, lo que se acentuará en la tercera temporada con los dobles y *tulpas*, cuyo ir y venir y sus mensajes grabados y emitidos electrónicamente al revés dificultan el seguimiento del relato. En este, todo parece desdoblarse, pues no faltan dos enanos, uno dentro —el Hombre de Otro Lugar— y otro fuera de ella —Ike

[38] DUFOUR, E., *op. cit.*, p. 48.

(Christophe Zajac-Denek)—, un asesino que utiliza un destornillador para matar y se corta los dedos para borrar sus huellas digitales. Incluso hay un personaje llamado La Rama, una extraña forma viva que parece haber salido de *Cabeza borradora* o del corto *The Grandmother,* rematada por una especie de patata parlante con voluntad propia, que ayuda a Cooper a escapar de las asechanzas de Bob, al pretender este convertirle para siempre en un doble maligno (*doppelgänger*) que todo lo pervierte.

Abundan hacia el final de la serie extrañas herencias de otras temporadas, como la mujer con un parche en el ojo, Nadine (Wendy Robie), que quiere dedicarse a un negocio de cortinas silenciosas. Fracasa en su empeño en las dos primeras temporadas, pero consigue su objetivo en la tercera. El psiquiatra Jacoby (Russ Tramblin) fabrica palas doradas «para sacar la mierda de la sociedad». Es notable también la figura de una mujer asiática ciega, Naido (Nae), relacionada imaginariamente con las bombas atómicas de Hiroshima y Nagashaki, con los ojos tapados con la piel cosida de los párpados. Y un niño —hijo de Lynch— que tiene poderes mágicos y hace desaparecer el maíz de un guiso místico sin tocarlo —la «Garmonbonzia», pena y dolor, alimento de la Logia Negra—. Un pájaro indonesio llamado Waldo puede repetir las palabras como un lorito, por lo que es testigo importante del escenario del crimen de Laura Palmer y, al estar desnutrido, debe ser alimentado y protegido para que se le pueda tomar declaración. Lynch utiliza máscaras en varios episodios: la veneciana que Audrey lleva en el local Jack el Tuerto para que su padre no la reconozca; la del amor de su vida, Caroline en la cama en los episodios quince y dieciséis; y la de Laura Palmer en la Habitación Roja, que, al quitársela, deja ver un vacío, pues su propio rostro es una careta iluminada.

El pretexto de la investigación sobre la muerte de Laura Palmer es una línea bien trazada, por pasos, con pistas que hacen avanzar la trama hacia nuevos descubrimientos, pero también hacia enigmas y misterios que no revelan grandes secretos. Es un modo de conservar la intriga mediante el desplazamiento hacia futuras investigaciones. Otro procedimiento para mantener vivo el interés es un recurrente «falta algo» o bien «me lo dijo al oído Laura Palmer en un sueño, pero ahora no lo recuerdo». La amnesia, tan frecuente en la serie, no es una cuestión psicológica, sino un aplazamiento de la solución a los interrogantes y una ocultación de que tales misterios en realidad no revelan nada ni pueden descifrarse, son una construcción autoral, como ocurre en *Mullholland Drive*.

Ni siquiera es fiable el asesino de Laura Palmer que, aun revelándose como Leland Palmer, a la vez se disfraza y disimula mediante la posesión por el demoníaco Bob, para mantener el tono imaginario o fantástico de la serie por medio de motivos esotéricos, religiosos, culturales o incluso cósmicos, como han interpretado —quizás de manera excesiva— algunos críticos. Son procedimientos habituales a este respecto, por ejemplo, el espejo, la electricidad y la superposición agitada de imágenes, que sugieren cierta posesión por el mal que habita en este mundo y en nosotros.[39] El espejo permite construir la dualidad, por lo que es frecuente en la serie para mostrar al agente del mal, Bob, cuando es otro el que se mira, ya sean Leland o el propio Cooper en el capítulo final de la segunda temporada,

[39] THIELLMENT, Pacôme, *op. cit*, p. 114.

cuando salva a Annie a cambio de quedar encerrado en la Habitación Roja y en la Logia Negra, sustituido por el *doppelgänger* hasta la muerte de este, pues uno no puede salir si no entra otro: son sus dobles los que vuelven al mundo.

Descubierto el asesino de Laura Palmer o su demonio, la tercera temporada sigue el género de investigación policial a través de las pesquisas sobre el asesinato de una pareja de jóvenes —Sam (Ben Rosenfield) y Tracey (Madeline Zima)— en un artefacto llamado la Caja de Cristal; la espantosa muerte y troceamiento de Ruth Davenport (Mary Stofle) y la búsqueda de las coordenadas del mayor Garland Briggs para combatir la maldad del universo y a la Logia Negra en la casa mística del Bombero (Carel Struycken), protector de Cooper. Por otra parte, la tercera temporada está situada bajo el signo del mal —metaforizado por la bomba atómica, el capitalismo y las mafias—, que se extiende destructor y corrupto por el mundo contemporáneo, primero con ayuda de Bob y, tras su muerte, a través de otros personajes.[40] El espacio se abre tanto respecto a las anteriores temporadas que ya ni siquiera transcurre enteramente en Twin Peaks, sino en distintos lugares como Nueva York, pero sobre todo en Dakota del Sur, Las Vegas y Nuevo México. Las imágenes fotográficas sin más desarrollo de Buenos Aires y Brasil son una broma de Lynch sobre el cine de investigación o de acción.

El trabajo que lleva a cabo la policía de Twin Peaks en esta temporada es más bien paródico, nostálgico y un tanto mediocre. Se eternizan escenas vacuas en las que el tiempo se detiene en silencios y esperas o miradas que parecen caricaturas del género policial. O se acude al exceso, como

[40] THIELLMENT, Pacôme, *op. cit*, p. 187 y ss.

el tiroteo entre un vecino y los ayudantes del *döppelganger* de Cooper en Rancho Rosa. Se vuelve a un Twin Peaks que poco tiene que ver con el histórico. Vemos el Roadhouse al final de cada capítulo, sucio, oscuro y decadente. Su música es nostálgica y triste. El intento final de Cooper de volver a la noche del asesinato de Laura Palmer, y alterar lo sucedido y devolverla a su hogar se revelará como una vana fantasía fuera del tiempo.

En la temporada tercera proliferan los problemas de los hijos y de unos jóvenes más deteriorados y brutales que los de las anteriores, sin el erotismo romántico de la primera. Aunque también hay algunos chicos de buena pasta como Freddy (Jake Wardle), el compañero de trabajo de James, que salva al Cooper auténtico, acabando a puñetazos con su *doppelgänger* y con Bob, en el episodio diecisiete, con su misteriosa mano artificial verde, que tiene la fuerza de un martillo-pilón. Y aparece por el Roadhouse un matón nuevo que se empareja con Shelly (Mädchen Amick) y nos recuerda un poco al Jack de *Terciopelo azul* por sus maneras y estilo chulesco.

A lo largo de la primera temporada, David Lynch pasa de la belleza absoluta —la joven bella muerta Laura Palmer de la primera escena del episodio piloto y de *Fuego: camina conmigo*, cuando unas manos quitan el plástico de su cara, hermosa imagen mítica rubia— a la más morena y no tan bella, sino algo sucia y embarrada imagen de su prima Madeleine en una escena nocturna, iluminada por una linterna, y más tarde a la mujer basura del primer episodio de la tercera temporada, Ruth Davenport, troceada, con la cabeza separada de un cuerpo que no es el suyo. Por otra parte, la encantadora Audrey Horne (Sherilyn Fenn), necesitada de atención paterna y de un amor juvenil, lo que no consigue con Cooper, casi desaparece en la tercera temporada, a la que vuelve en varios capítulos con la serie ya muy avanzada y sin relación alguna con la Audrey que conocíamos. Solo queda un recuerdo deslucido de su vida anterior en el Roadhouse, el local de baile y actuaciones, en el que vuelve a danzar al ritmo de su canción, *La danza de Audrey*, sin que sea ya posible retorno alguno a la juventud.

Comparada con las anteriores, en la tercera temporada se da un proceso de deterioro de la mujer, de los malos tratos y de la violencia sobre ella sobre y los niños. Y también de la propia realidad social, con barrios marginales y campamentos de caravanas, que ya aparecen en *Fuego: Camina Conmigo*, como el de la Trucha Gorda, y personajes que viven en la pobreza, teniendo que donar sangre o jugar en las tragaperras del casino,[41] o languidecer sin remedio, como la joven alcoholizada y drogadicta con su hijo en Rancho Rosa, Nuevo México. También se observa la realidad americana deteriorada en Blackhorne, Dakota del Sur, cuya comisaria es el reverso de la de Twin Peaks, algo que se manifiesta ya en *Fuego: camina conmigo*, en un destartalado Twin Peaks desprovisto del «glamour» maderero de la primera temporada, con sus delicias decorativas, alimenticias y humanas. El paisaje, fotografiado en tonos otoñales, aparece ahora vacío y desolado. En los interiores abundan los planos desequilibrados, los movimientos hacia atrás, los avances de personajes hacia la cámara y otros recursos extraídos por Lynch del cine clásico pasado por el expresionismo, lo que les confiere un aire inquietante.

---

[41] THIELLMENT, Pacôme, *op. cit*, p. 166.

En la tercera temporada, los fragmentos no se conectan tan estrechamente como en las anteriores, tienen mayor autonomía. Son mundos paralelos, múltiples, y se atraviesan continuamente espacios disociados y distintos tiempos, siguiendo a personajes y líneas narrativas relativamente desconectadas entre sí, como los avatares del *tulpa* Dougie y del *doppelgänger* que sustituyen al agente Cooper, desaparecido veinticinco años antes en la Logia Negra. E incluso se enlaza un sueño con otro. En esta temporada, la serie tiende a construir fragmentos y luego intenta alcanzar una cierta unicidad, lo que no consigue pese que se inicie y termine en el mismo Twin Peaks.[42] Se vuelve, como en *Carretera perdida* al punto de partida, pero este recurso no acaba de funcionar. Como en *Carretera perdida y Mulholland Drive*, se transita de un mundo a otro en el que todo es parecido, pero no idéntico: esto es lo importante.[43]

Cooper se encarnará en la tercera temporada como el *tulpa* llamado Dougie Jones y el humor se concentra en esta caracterización. Desde su aterrizaje en la habitación de una prostituta de Las Vegas al atravesar aparatos eléctricos y enchufes, todo tiene el tono y estilo de la comedia americana clásica, que convierte en personajes cómicos a mafiosos y chicas de compañía. En muchos casos es un humor algo debilitado, más irónico que sarcástico, construido a veces en tiempo lento y con secuencias alargadas.

---

[42] DUFOUR, E., *op. cit.*, pp. 143-144.
[43] Ibídem.

La caja de cristal

Lynch vuelve al experimentalismo de sus primeros cortometrajes y de *Cabeza borradora* en diversos episodios de la tercera temporada de *Twin Peaks. El retorno*, retomando un arte híbrido entre pintura y cine, y con dimensiones diversas e imágenes parpadeantes en clave surrealista figurativa. Así en el primer episodio, entre otras secuencias o temas, hay uno de extrema belleza, que comienza con una conversación con Cooper en la quimérica y barroca casa del Bombero. El Bombero onírico envía a Cooper a Nueva York a una misión a través del espacio sideral. El siguiente plano se abre con la vista aérea de la ciudad y se detiene ante un edificio brutalista en forma de torreón. Este aloja un gran secreto, cuyo núcleo es una extraña máquina en forma de caja de cristal con un óculo, rodeada por cámaras fotográficas y asentada en un pedestal que, a su vez, es una compleja máquina. Cuando Sam —el joven vigilante— y su novia se acomodan en el sofá y comienzan a hacer el amor ocurre algo extraño. Por el óculo de la caja penetra una presencia etérea, fantasmal, medio mujer medio monstruo, presa de convulsiones y extraños movimientos, que se lanza contra ellos y los devora. La bella caja de cristal y su imagen tremendamente plástica nos recuerdan a la instalación vanguardista *Le grand verre* de Marcel Duchamp, así como los rostros devastados de los jóvenes remiten a algunos cuadros de Francis Bacon.

El episodio ocho, uno de los más políticos, modernos y de la tercera temporada de *El Retorno*, se refiere a las pruebas nucleares norteamericanas de 1945 en el desierto de Nuevo México. Estas constituyen la mayor y más impresionante atracción de la última temporada. Vemos desencadenarse sendas explosiones atómicas en forma de hongo en blanco y negro, que se alternan con planos de una gasolinera por la que pululan varias personas a cámara rápida, mientras cerca de allí pasea tranquilamente una parejita de enamorados mexicanos. De la explosión caen grandes piedras, una de ellas con la imagen de la cabeza de Bob, y una especie de huevos, de uno de los cuales sale una de espantosa cucaracha o polilla humana que ha sobrevivido y se cuela por la boca de la chica cuando esta se acuesta en su casa.[44]

El estallido de las bombas cubre buena parte del episodio y en sus explosiones se combinan el color y el blanco y negro en unos deslumbrantes fuegos de artificio incesantes, que hacen pensar en pintura abstracta en movimiento. Como toque surrealista en medio de esta atmósfera enrarecida, vemos un paisaje marino de consistencia aceitosa, por el

---

[44] Escena inspirada en la colaboración de Max Ernst en el filme colectivo *Sueños que el dinero puede comprar* (*Dreams That Money Can Buy*, Hans Richter, 1947).

que se llega a un promontorio coronado por la casa del Bombero, una especie de búnker palaciego absurdamente operístico, dotado de una gran pantalla con cortinajes teatrales. En ella se proyectan en blanco y negro las explosiones, la gasolinera y la gente a cámara rápida. Una dama enjoyada, la señorita Dido (Joy Nash), atrapa en el aire una bola dorada, procedente de las detonaciones, que contiene la imagen del rostro de Laura Palmer. La cabeza del mayor Briggs aparece flotando en el aire, verticalmente, incorpórea, como la de Henry en *Cabeza borradora.* Nos hallamos en un mundo paralelo o fantástico, aunque quizá no propiamente surrealista.

La primera mitad del decimoquinto episodio de la tercera temporada está dedicada a una enigmática visita del *doppelgänger* de Cooper al agente Jeffries (David Bowie) en una dimensión desconocida, cuyas imágenes se funden con las del bosque y cuyo laberíntico interior es sombrío y con distintos niveles salvados por escaleras y patios. El *doppelgänger* es acogido por una mujer andrajosa que le abre una puerta de una habitación y los deja solos. En este momento Jeffries carece de figura humana. Es una especie de cafetera gigante de hierro que echa humo al interior de una esfera transparente, parecida a una instalación dadaísta. Puede hablar. A la luz parpadeante de una barra de neón se establece entre ellos una conversación que remite al encuentro que tuvo lugar en la comisaría de Filadelfia en *Fuego camina conmigo*, donde se alude a Judy, que viene a ser el mal universal que actúa a través de Bob. En el episodio 17, muerto Bob y habiendo ardido en llamas el *doppelgänguer* de Cooper, este último es acompañado por el Manco al mismo lugar a visitar a Jeffries. Vuelven a hablar de Judy y el Manco exclama con gran énfasis: «¡Electricidad!»[45]

En conjunto la tercera temporada es compleja y difícil, más social y a la vez experimental que las anteriores, y enlaza con la etapa vanguardista inicial de Lynch. Se nota la influencia de la *Trilogía de Los Ángeles* en esta combinación de serie y filme de autor difícil de unificar, como una figura en espiral que se reinventa constantemente y que puede desarrollarse en una indefinida cinta sin fin.

La triple «resurrección» de Laura Palmer en los episodios finales de *The Return* no se da en el mismo mundo, sino en varias dimensiones y tiempos No está muerta, pero tampoco viva. En el episodio diecisiete, Cooper trata de rescatarla de la muerte conduciéndola fuera del bosque como Orfeo a Eurídice, con un notable parecido a la composición de la escena del cuadro de Camille Corot *Orphée ramenant Eurydice des enfers* (Museo de Bellas Artes de Boston, 1861). «¿Adónde vamos?», pregunta ella. «A casa», responde él. Caminan de la mano saliendo del Inframundo, pero al mirar Cooper hacia atrás para verla, ella se ha soltado de su mano y ha desaparecido, al tiempo que se oye un escalofriante grito de terror. La muerte se ha apropiado una vez más de Laura. En el siguiente episodio, el *doppelgänger* arde en llamas en la habitación Roja y Cooper recupera su personalidad humana gracias a una bola de oro y a un mechón de cabellos proporcionados por el Manco. Laura Palmer, de mayor edad que la Eurydice de Corot, se inclina

[45] Para un análisis del simbolismo de la electricidad y los enchufes en la tercera temporada de Twin Peaks, véase OVIEDO, Mauricio. "Entre la realidad, lo oculto y lo cotidiano: El tomacorriente y la electricidad en *Twin Peaks: The Return*". En FERRER, Roger (ed.). *Oculto David Lynch*. Ondara: Dilatando Mentes, 2022, pp. 123-152.

sobre Cooper y le dice algo al oído, pero cuando él se da por enterado —no sabemos de qué, pero es evidente—, la imagen de ella se ve acometida por un frenesí terrible, abstracto, y sale volando, disparada. Cooper la busca y solo encuentra a Leland, desolado.

Cooper la encuentra de nuevo, pero aún más ajada. Es otra y la misma, al precio de llamarse Carrie Page, vivir en Odessa y ser una mujer madura y no la chica muerta a los diecisiete años. Cooper la lleva a Twin Peaks en un largo viaje por carretera. En la antigua casa de los Palmer ha pasado mucho tiempo y los propietarios son otros. «¿En qué año estamos?», pregunta Cooper. Laura se queda pensativa, mira la fachada y oye una voz fantasmal que la llama: «¡Laura!» Da un grito largo y terrible y desaparece en un fundido en negro. No cabe anular la muerte de Laura Palmer, deshacer y alterar el relato de la serie anterior reciclando las mismas escenas y añadiendo nuevos materiales, ni pasando a otro mundo para devolver a la difunta viva a su casa.

Bibliografía recomendada

CASAS, Q. *David Lynch.* Madrid: Cátedra, 2007.

CHION, M. *David Lynch.* Barcelona: Paidós, 2003.

DUFOUR, E. *David Lynch: matière, temps et image*, Paris: Vri, 2020.

FERRER GARCIA, M. J. *Lo siniestro como condición y límite del MRI. A propósito de David Lynch*, Tesis Doctoral, Universidad Jaume I, 2017.

—, y PALAO ERRANDO, J. A. *Mulholland Drive. La ética de lo siniestro.* Valencia: Shangrila, 2024.

FERRER, R., (coord.). *Oculto David Lynch.* Ondara: Dilatando Mentes, 2022.

HISPANO, A. *David Lynch. Claroscuro americano,* Barcelona: Glénat, 1998.

LACALLE, C., *David Lynch. Terciopelo azul.* Barcelona: Paidós, 1998.

LYNCH, D, *Atrapa en el pez dorado.* Barcelona: Penguin Random House, 2016.

—, McKENNA, K. *Espacio para soñar.* Barcelona: Penguin Random House, 2018.

THIELLEMENT, P. *Tres ensayos sobre Twin Peaks.* Barcelona: Alpha Decay, 2020.

VALENCIA, J. J. *Universo Twin Peaks.* Ondara: Dilatando Mentes, 2023.

Filmes recomendados

Alicia o la última fuga (*Alice ou la dernière fugue,* 1977, Claude Chabrol)

Beau tiene miedo (*Beau is afraid,* 2023, Ari Aster)

Blow-up (*Blow-Up. Deseo de una mañana de verano,* 1966, Michelangelo Antoioni)

Cómo ser John Malkovich (*Being John Malkovich,* 1999, Spike Jonze)

Earwig (2021, Lucile Hadzihaliovic)

Fear X (2003, Nicolas Winding Refn)
Ritesti (1993, Iván Zulueta)
Tetsuo, el hombre de hierro (*Tesuo*, 1989, Shinya Tsukamoto)